www.ingramcontent.com/pod-product-compliance
Lightning Source LLC
Chambersburg PA
CBHW021347160726
47994CB00007B/2868

ثلاثونَ يوماً بحثاً عن مَخرجِ

يوميات من عالم الخيال

جلنار زين

ثلاثونَ يوماً بحثاً عن مَخرجٍ

يوميات من عالم الخيال

إصدارات دائرة الثقافة، حكومة الشارقة 2024م

الناشر: دائرة الثقافة ــ حكومة الشارقة ــ دولة الإمارات العربية المتحدة

هاتف: 5123333 9716+

بــرّاق: 5123303 9716+

بريد إليكتروني: sdc@sdc.gov.ae

صورة الغلاف: فواز سلامة

813.03

ز ج. ث   زين، جلنار

ثلاثون يوما بحثا عن مخرج / جلنار زين .ـ الشارقة، الإمارات العربية المتحدة : دائرة الثقافة، 2024.

68 ص. ؛ 20.5x13.5ـسم.

رواية لليافعين.

1. القصص العربية   2. القصص العربية - الأردن

أ. العنوان

ISBN:978-9948-758-06-8

الإهداء

إلى

الصّغيريْن اللذين ألهماني

هذا العمل؛

أحبّكما.

(1)

تتذمّرُ ربى عند سماعها صوت ضجة عالية قادمة من الخارج، تتململُ في سريرها وتقولُ بحنقٍ: اليوم إجازةٍ، فلمَ كلّ هذا الإزعاج؟ تُغطّي رأسها بوسادتها، وتحاول العودة إلى النّوم، لكنّها تجفلُ عند سماعها صوت صراخ يبدو قريباً منها:

- ساعدوني!

تهبُّ واقفة، فهي تعرفُ صاحبَ الصوت المستغيث جيداً، تهرعُ ناحية غرفة أخيها أسامة، الذي يكبَرها بعامٍ واحد، تفتح الباب بسرعة وعيْناها تجول في المكان باحثةً عنه، لكنّ نظراتها تعود إليها كسيفة خائبة، فليس هناك أي أثر لأسامة، أو لأيّ شيء آخر غير عاديٍّ في الغرفة، تستاءُ من ذلك وتسأل نفسها:

هل كان يمازحني؟ أم وقعت ضحيةً لأحد مقالبه التي لا تنتهي؟

تستديرُ ربى لتغادر المكان وهي تلوم نفسها على تصديقها لطلب النجدة وانطلاء الحيلة عليها، لا بدّ أن أسامة الآن مختبئ في مكانٍ ما، ويسخر من سذاجتها!

لكنّ صوتاً مكتوماً يتناهى إلى سمعها يستوقفها..

- أين أنت؟ أنا لا أراك.

هكذا صاحت رُبى وهي تبحث مجدداً عن أخيها، تحت السرير وفي خزانة الملابس، وخلف الباب، حتى أنها تفقدت نافذته التي تطل على الحديقة، لكنّها مغلقةٌ بإحكام من الدّاخل، ثم إنّها على ارتفاع طابقين عن الأرض، أي أنه لنْ يفكّر في استخدامها مخرجاً مثلاً، وسيكون من الصعب طبعاً دخول أيّ أحد من خلالها.

تجلسُ وهي محتارةٌ، ومتعبة أيضاً من البحث، فأين هو أسامة؟ هي تسمعه لكنها لا تراه! لا يبدو الأمر خدعةً أو مقلباً، فقد شعرتْ بخوفهِ عندما ناداها!

إذن ماذا يحدث هنا؟

تفتح رُبى دفتر يوميات أخيها الذي وجدته على الأرض عند السرير، تشعر بقليل من التردد، فليس من الصائب قراءة مذكرات

الآخرين، ولكن الظرف الآن مختلف ويتحتّم عليها التصرف بسرعة، كي تكتشف أين اختفى أخوها، فلعلّه الآن في خطرٍ شديد.

تقرأُ في الصفحة الأولى:

«هذه مُذكراتي الخاصة، ليسَ مسموحاً لأحد أن يطّلع عليها دون إذني».

تحسِمُ رُبى أمرها وتغلق الدفتر وتضعه إلى جوارها، وتغرق في أفكارها: كيف ستجد أسامة إذن؟ هل هربَ من المنزل؟ لا.. مستحيل، لقد سمعته يطلب المساعدة قبل قليل، لا يطلب الهارب المساعدة ثم يختفي!

رُبّما قام بخَطفه شخصٌ شرّيرٌ وسيطلبُ منّا مبلغاً من المال، نعم لا بدّ أن هذا هو الأمر، ولكن ليس هناك أيّ أثرٍ للعراك، ثمّ إنّ غُرفة أسامة في الطابق الثاني، كيف سيدخل الخاطفُ؟

إذن قد تكون مخلوقاتٌ فضائية! نعم هي كذلك، وهذا ما يفسّر قدرتها على خطف أسامة دون أنْ أراها، ربما قامت بسحبه بواسطة الأشعة الناقلة من خلال النافذة! لكنّ النّافذة مغلقةٌ من الداخل!

تيأسُ رُبى من التفكير، وتبدو كلّ أفكارها غيرَ مُمكنة، وغيرَ

منطقيّةٍ أحياناً، ويبقى السّؤالُ الأهم: ماذا ستفعلُ الآن؟ ومن سيساعدها في البحث؟

تَرتَمي بحزنٍ على السرير، وتغطّي عينيها بيديها وهي ما تزال تحاول التفكير، لكن الدموع تنهمرُ منهما وتبلّل خدّيها.

يا إلهي ساعدني.

تدعو ربي وترجو أنْ تَصلَ إلى فكرةٍ جيّدةٍ لإنقاذ أخيها قبلَ فواتِ الأوان، تهدأُ للحظاتٍ، فتشعرُ باهتزاز شيءٍ ما إلى جوارها، تنهضُ مفزوعةً من مكانها وتبتعدُ عدّة خطواتٍ عن السرير فتصطدم بمكتبِ أسامة، الذي خلفها، مُسبّبةً بعضَ الفوضى.. ذلك غير مهم، فهي ما تزالُ تنظرُ بقلقٍ حولها باحثةً عن مصدرِ الاهتزاز، تجولُ بعينيها في المكان ثم تركّز نظرها نحو دفتر المذكرات، هل كان ذلك الاهتزاز صادراً عنه؟ تساءلت ربى، لكنها لم تنتظر طويلاً، فقد اهتز الدفتر مجدداً وكأنه جوّال صامت، ليظهرَ من بين أوراق الدفتر ضوءٌ أزرق باهت.

تقتربُ من الدفتر بحذر، وتُحاول لمسهُ بأطرافِ أصابعها، وعندما تَطمئنُّ إلى أنّه من الآمن لمسُ الدفتر؛ تحملهُ بيديها وتجلسُ على السرير مرّةً ثانية وقد حزمتْ أمرها أن تقرأ ما كُتبَ فيه، مهما كلّف الأمر.

تفتحُ الدّفتر بهدوء، وتقلّب الصفحات بيديها، فتجدُ أنّها كثيرةُ العدد، وأن تاريخ البدء في كتابتها هوَ يومُ أمس بالتحديد!

تتساءل بتعجّب: كيف تمكّن أسامة من كتابة هذه الصفحات كلّها خلال يومين فقط. كثيرٌ من الأشياء الغريبة تحدث هنا!

الخميس 4 فبراير 2021:

لقد تأخرتُ في شراء دفتر يومياتي هذا العام، فالعالمُ مجنونٌ في الخارج، منذُ عامٍ كاملٍ ونحن نُحاربُ فايروسَ «الكورونا» العنيد وقد تأثّرت مُعظمُ المكتبات والمحالِّ التجارية القريبة وأغلقت أبوابها، كم أرجو أنْ نعودَ إلى حياتنا السّابقة الهادئة، قبلَ أن يجتاحَ هذا الوباءُ الكرة الأرضية ويُغيّر خارطةَ العالم كلّها.

كالعادة، كتبتُ في الصفحة الأولى على دفتري: هذهِ مذكّراتي الخاصّة، ليس مسموحاً لأحدٍ أن يطّلعَ عليها دون إذني، وإذا كنت تقرأُ هذا الكلام، فذلك يعني أنّك كائنٌ يحبُّ التطفُّل على حياةِ الآخرين، أوْ أنّني في خطرٍ مُحدِقٍ، ولا أحبُّ أيّاً مِنْ هذينِ الخيارين!

تتشابه الأيامُ منذُ بدأتِ الجائحة، نخافُ الخروجَ من المنزل، ونتحصّنُ خلفَ أسلحتنا النّاعمَة: الكمامةُ وزجاجةُ المُعقّم، والكثيرُ من الماء والصابون! وندعو الله أنْ نهزمَ هذا الفيروس ويختفي من حياتنا، معَ كلّ ما جلبهُ إلى هذا العالم مِنْ خوفٍ وحزنٍ.

ولكن هناك جوانبُ جيدةٌ في هذا الوضع الجديد، فقد صرتُ أعتمدُ على حاسوبي في الدّراسة، ولم يعد أبي يحثّني على تركهِ والخروج إلى اللعب في الحديقةِ القريبةِ مع بقية أولاد الجيران، فصار حاسوبي ملعبي ومدرستي معاً.

ومع ذلك فأنا أفتقد صُحبةَ أصدقائي، فقد قضينا معاً أوقاتاً ممتعةً في المخيّم الكَشْفي، الذي ذهبنا إليه العام الماضي، وتعلّمتُ منه أشياءَ جديدةً ومفيدةً، كما أنّني حصلتُ على ميدالية الكشّاف الشجاع، نظيرَ أدائي المميّز فيه، ليتني أستطيع قول الشيء نفسه عن أصدقائي، فقد كانوا كسولين جداً، ولمْ يُتقنوا تنفيذَ أيِّ تمرينٍ تقريباً.

أسمعُ صوتَ جرسِ البابِ يُدَقُّ الآن، وهذا غريبٌ إلى حدٍّ ما، فمنذُ إعلانِ الجائحةِ ونحنُ لا نستقبلُ أحداً في منزلِنا إلا نادراً، ونتواصلُ مع أقاربنا عبرَ الهاتف أو تطبيقاتِ البرامج الإلكترونيّةِ المختلفةِ، سأذهبُ لأرى، فقد صارَ عندي فضولٌ لأعرفَ مَنْ هوَ هذا الزّائرُ الغامض.

ترفعُ رُبى نظرها عن الدّفتر وتفكر قليلاً: لا أذكرُ أنّ أحداً ما قد زارنا يومَ أمس! هل كان أخي يتوهّم ذلك؟ أم أنّ لذلك الزائر علاقةً باختفاء أخي؟

الجمعة 4 فبراير 2021:

أحبُّ يومَ الجمعة، هوَ أجملُ أيّام الأسبوعِ، فأنا أستطيعُ

الاستيقاظ باكراً واللعب كما أشاءُ على جهاز الحاسوب دونَ أنْ يُقاطعني أحدٌ لعدّة ساعات.

تعرّفتُ يومَ أمسِ على صديقٍ عبرَ موقعٍ إلكتروني مخصّصٍ للتعارف بينَ أصحاب الاهتمامات المتشابهة، إنّهُ يُماثلني في السّنّ تقريباً، ويشاركُني شغفَ الألعابِ الإلكترونية، وعَدَني أن نلعبَ معاً لعبةً جديدةً، اسمها «ثلاثون يوماً للبحث عن مخرج»، سنلعبها اليوم، لكنه أخبرني بشرطٍ غريبٍ، وهو أننا يجبُ أن نستمرّ في اللعب حتى نُنهي المستوياتِ كلها، وإلا فإننا لن نستطيع الخروج من اللعبة أبداً.

أضحكني هذا الشّرطِ، لكنّني وافقتُ عليهِ لأنّني متحمّسٌ جداً للبدءِ، أرجو ألا يقاطعني أحدٌ عندما نبدأ اللعب، وخاصّةً رُبى، فهيَ تكونُ مُزعجةً أحياناً.

تستاءُ رُبى من رأي أخيها بها، ولكنّها تُفكّرُ قليلا: أنا فعلاً أكونُ مُزعجةً في بعضِ الأحيان، فأندفعُ إلى غرفته دونَ استئذانٍ، وأستعملُ أدواته الخاصة دونَ علمهِ!

يَحمرّ وجهها قليلاً ثم تقول لنفسها بصوتٍ مرتفعٍ: لا بأسَ يا أخي سأصلحُ كلّ هذا، لكن أرجوك عُد إلينا سالماً.

ثم تغطسُ مرّة أخرى في اليومياتِ وتُكمل القراءة:

الساعةُ الآن تقتربُ منَ الثامنةِ صباحاً، اقترب موعدُ اللّعب، وأنا مستعدٌ تماماً لهذهِ المغامرة مع صديقي الجديد، قمتُ بوصلِ بطّارية جهاز الحاسوب بالكهرباء وثبّتُها جيّداً، حتى تَستمرَّ بالعملِ أثناء اللّعب، فالبطاريةُ -مع الأسفِ- شبهُ تالفةٍ، وقد تفرغُ من الشّحنِ سريعاً إذا اعتمدتُ عليها وحدها، وحضّرت أيضاً دفتراً وقلماً في حالِ احتجْتُهما أثناءَ اللّعب لكتابةِ شيءٍ ما، وقد تناولتُ إفطاري باكراً كيْ لا أجوعَ أثناء اللعب، بل وأحضرتُ معي بعضَ الأغذيةِ الخفيفة التي ستكفيني لعدّة ساعاتٍ لو استمرّت اللعبة طويلاً، وضعتُ كلَّ ذلك في حقيبةٍ صغيرةٍ بجواري، صرتُ مستعدّاً.. كم أنا مُتشوِّقٌ لهذا الحَدَثِ الجديدِ في حياتي.

ترفعُ رُبى رأسها وتُفكر: الثامنةُ صباحاً؟ تنظرُ إلى ساعةِ يَدِها وتُكمل: كان ذلك منذُ نصفِ ساعة تقريباً، أي قبل أن أسمع صراخه مستغيثاً بدقائقَ قليلة! تلتفت رُبى حولها، فلا تجد حقيبة أسامة، ولا الأغذية الخفيفة التي ذكرها أو حتى أغلفتها الفارغة؛ لو أنّه سبق وتناولها.

ربما أخذها معه؟ ولكن إلى أين؟ هكذا تساءلت رُبى..

تَرجعُ إلى القراءة وهي ترجو أن تجد جواباً يساعدَها على معرفةِ سرِّ اختفاء أخيها.

وصل صديقي في الموعد تماماً، كم أحبُّ الذين يلتزمون بمواعيدهم ولا يهدرون أوقاتَ الآخرين في الانتظار، ودون أن يعتذروا أحياناً.

سنبدأ اللعب الآن، يخبرني صديقي أنّ هنالك أمراً لم يخبرني به مِن قبل عن اللّعبة، وهو أنني سأشعرُ بأنني ألعبُ فعلاً داخلَ العالم الافتراضي، وكأنني أحلم، ولكنه حلمٌ حقيقي، وعليّ أن أحرص على نفسي جداً، وإلّا فأنني قد لا أعودُ إلى سابقِ عهدي أبداً. أضحكُ من هذهِ الفكرة، لكنّها تُعجبني حقاً، سألته إذا كان يمزح لكنه أجاب بالنفي، أظنه يُحاول إثارةَ حماسي لألعب بِجدّيةٍ؛ ليس أكثر. سنبدأ الآن، أنا متأكد من أنني سأتفوق على الجميع -حتى هذا الصديق- وأفوز بالمركز الأوّلِ بلا شَكّ.

تعلّق رُبى على ما قرأته تَوّاً مما كتبه أخوها: نعم هذا هو أخي، تنافسيٌّ جدّاً ويحبُّ دائماً أنْ يكون في المقدّمة، لكن ذلك ليس صحيّاً دائماً، جميلٌ أنْ نحصلَ على المركز الأول أحياناً، ولكن يجبّ ألّا يتحوّل ذلك إلى هَوَسٍ، فربّما قد نؤذي بقصدٍ أو دونَ قصدٍ بعضَ الذين يخوضونَ التنافسَ معنا.

تلاحظُ رُبى أنّ هناك فراغاً بعد الفقرةِ التي قرأتها تواً، لا بدّ أن أسامة قد توقف عن الكتابة بعد أن حدثَ له ذلك الشيء الذي أفزعه

وجعله يطلبُ النّجدة. لكن الصّفحات التالية تبدو مُمتلئة بالكتابة!

تَفتحُ الصّفحةَ الثالثة، وتلاحظُ شيئاً غريباً، يبدو أنّ الخطَّ الذي استخدمَ للكتابةِ قد تغيّر، بل أصبحَ شبيهاً بالخطِّ الإلكتروني الذي تستخدمه عادةً للكتابةِ على جهازِ الحاسوب.

تقرأُ تلك الكتابة التي تبدو وكأنّها مطبوعةٌ على برنامج «الوورد»:

لا أعلمُ ما الذي حدث، ما إنْ بدأْتُ اللّعبة حتى شعرتُ بأنني أُجرُّ إلى داخلها جرّاً، وكأنها مِكْنَسةٌ كهربائيةٌ عِملاقةٌ وقويةٌ تقومُ بسحبي كذرّةِ غُبارٍ غير قادرةٍ على المُقاومة، لم يكن الشّعورُ جميلاً أبداً، أنا هنا منذُ خمسِ ساعاتٍ تقريباً، تائهٌ داخلَ مجاهلِ هذه اللعبة الغريبة، لم أصادف أيَّ أحدٍ على الإطلاق، حتى ذلك الصديقُ اختفى وهو يضحكُ بسخريةٍ بمجرد بدئنا اللّعب.. قال إنّني غبيٌّ وساذجٌ، ولا أختلفُ عن بقيّة الفتيةِ الذين أوقعَ بهم قبلي، لم أفهم كلامه، ولا أعرف كيف لمن يقدّمُ نفسه صديقاً أن يفعل ذلك بصديقه، أنا خائفٌ وجائعٌ، أحاولُ الحفاظَ على كمية الأغذية القليلة التي في حقيبتي، فأنا لا أعلمُ قدْرَ الوقت الذي سأمضيه تائهاً هنا، قبلَ أن يُنقذني أحدهم أو أنقذَ نفسي.

ترفع رُبى رأسها من الدهشة: خمسُ ساعاتٍ! كيف ذلك وقد

سمعتهُ يصرخ طالباً النجدة منذ عدّةِ دقائقَ فقط! ثمّ كيف تحوّل خطُّ يدِ أخي إلى هذا الخطِّ الآليّ!

تُكملُ القراءةَ وهي غير قادرة على تصديق ما تقرؤه هنا:

لقد مضى اليوم الأول بسلام، يا إلهي؛ الحرُّ كان شديداً في النهار، والبرد أشدّ في اللّيل، وكأنني في كوكبٍ آخر غير كوكب الأرض المحاط بالغلاف الجوي السّميك، الذي يمنعُ التفاوتَ الكبير بدرجات الحرارة بين الليل والنهار بهذا الشكل. أسمعُ صوتَ كائناتٍ ليليةٍ تزأرُ، أخافُ أنْ تكون وحوشاً مفترسة؛ ذئاباً مثلاً، لذلك تسلّقت شجرةً عاليةً واختفيتُ بين أوراقها، ولأحميَ نفسي من السقوط قُمتُ بربطِ خصري بحبلٍ صغيرٍ صنعته من الأغصان الطريّة الخضراء إلى جذع الشجرة، أنا مرهقٌ الآن، أريدُ أنْ أنام وأرجو أنْ أستيقظَ في سريري الدافئ لأجدَ أن كلَّ هذا كان مجردَ حلمٍ ثقيلٍ.

رُبى لا تكادُ تصدّقُ عينيْها، ما الذي يحدثُ هنا؟ ليتَ والديها يعودان سريعاً من سفرِهما إلى المنزل ليساعداها على الفهم، وليساعدا أسامة على العودة من ذلك العالمِ الغريبِ الذي اختطفه.

اليوم الثاني في هذا العالم الجديد، يبدو أنني لا أحلَم، وأنني قد علقتُ هنا بشكلٍ ما، المكان يبدو هادئاً على عكس الليلة الماضية، الشمس بدأت بالبزوغ والحرارة بدأت تعتدل، لحظة.. هنالك

شمسٌ أخرى تظهرُ بين الغيوم، وشمسٌ ثالثة! هذا يفسّر الارتفاعَ الشّديد في درجات الحرارة، ولكن لو كان هذا هو الحال، فكيف نَبَتَتِ الأشجار؟ ماذا عن الحيوانات التي سمعت أصواتها؟ بالتأكيد ليس بمقدور كائنٍ حيّ أنْ يتحمّل درجة حرارة ثلاث شموسٍ دُفعة واحدة! الشيء الوحيد الذي أنا متأكد منه، هو أن هذا المكان يزداد غرابةً مع مرور الوقت!

سأذهب الآن لأبحث عن طعام، فما أحملهُ معي من مقرمشاتٍ لن يكفيني، وقد أبقى هنا لمدة أطول قليلاً ممّا ظننتُ. أتساءل هل يفتقدني أحدٌ من أهلي؟ هل يعلمون أنني مفقودٌ أصلاً؟! ليت رُبى تُزعجني هذه المرّة، ولن أعترضَ أبداً!

تبكي رُبى وهي تقرأ هذا الكلام: نعم أنا أفتقدك، ووالديك لم يعودا بعد، ما زالا في رحلة العمل التي خرجا إليها منذ يومين، ومن المفترض أن يكونا هنا بعد ساعاتٍ قليلة، نعم، أنت مفقودٌ منذ دقائقَ فقط، وليس عدّة أيام كما تتوهّم، أرجوك اصمد يا أخي.

تحكّ رُبى رأسها وهي تفكّر: ربّما هناك فرقٌ في طبيعة الزمان بيننا وبينهُ في عالمهِ الجديد، هل ذلك معقولٌ؟ تضحكُ رُبى وتجيبُ نفسها بنفسِها: إذا كنتُ أصدّقُ أنه قد سُحبَ إلى عالمٍ آخر، فطبعاً

يمكنني التصديق بأنّ الزمنَ في عالمنا يمضي بشكلٍ مختلف. لكن كيف؟ هذا ما لا بدّ أن أكتشفه قريباً.

تعود رُبى إلى القراءة من جديد، وهي أكثر إصراراً على فهم ما يحدث مع أخيها، لتقدرَ على مساعدته.

ما زلت أبحثُ عن غذاء، وجدتُ بعض الفاكهة، لكنّي أخشى أن تكونَ سامّة، انتظرتُ لأرى إذا كانت ستتناولها أيّ من الحيوانات التي تسكنُ المكان فأتأكد أنّها آمنةٌ لأتناولها، وهذا ما حدث، فقد رأيتُ عصفوراً صغيراً ينقرُ من حبّة الفاكهة، فهي إذنْ صالحة للأكل. جمعتُ بعضها، وتناولتُ كميّةً قليلةً منها، لها طعمٌ حلوٌ وحامضٌ في الوقتِ نفسه، لكنّها تفي بالغرض، كما آمل.

بقيَ عليَّ الآن أن أبحثَ عن مأوى جيّد، فليس من الآمن أنْ أبقى معلّقاً على شجرةٍ عاليةٍ طوال الليل!

البحث في هذا المكان متعبٌ للغاية، أظنني لو نمتُ الآن فلن أستيقظَ إلا صباحَ اليوم التالي، أو ربما بعد يومين! ألمحُ كهفاً صغيراً هناك، يبدو دافئاً ومناسباً لأبيتَ فيه وأحمي نفسي من البرد القارسِ ليلاً، سأقترب منه بهدوء، ربما يكون مسكناً لأحد الحيوانات، لذلك لا بدّ من الحذر. لا يبدو المكان خطيراً سأذهبُ إليه، لكن ما هذا.. يا إلهي...

تتوقف الكتابة هنا، تشعرُ رُبى بالاضطراب، ما الذي حدث؟ هل كان هناك حيوانٌ مفترسٌ؟ هل قابله لصوصٌ أو مجرمون.. ياهْ إنّه أمرٌ محيّر ومُقلقٌ للغاية!

يهتزّ الدفتر ثانية فتلقيه رُبى على الأرض وهي مفزوعةٌ، ثم يسطعُ الضوء الأزرق منه، تماماً كما حدثَ في المرة الأولى، تقتربُ رُبى بحذرٍ من الدفتر وتحملهُ ثانيةً، تفتحه وتظهر على وجهها علاماتُ الدّهشة، هناك صفحاتٌ إضافيةٌ ظهرتْ بعد الصفحة الأخيرة.

اليوم الثالث: لقد شُغلتُ أمس عن الكتابة، فقد وجدتُ ذلكَ الكهفِ الصّغيرِ الذي سيكونُ مسكناً مناسباً أثناء فترةِ وجودي هنا، والتي لا أعلمُ كم ستطول، لكنني لم أكنْ الأول الذي يفكّرُ في ذلك، فقد وجدتُ فيه فتىً آخرَ، أخبرني أنّ اسمه مؤيد، يصغُرني بسَنَةٍ واحدة، فهو في الثالثة عشرةِ من عمره، أو كان ذلك عمرهُ عندما سُحب هو أيضاً إلى هذا العالم، لكنّه يقولُ أيضاً بأنّه هنا منذ عام تقريباً، كلّ هذا الوقت وحدهُ دونَ صديقٍ أو رفيق، ولم يسأل أو يبحث عنه أحد رغم وجود عائلته، يا له من مسكين!

تقاسمتُ معه الأغذية التي بقيتْ معي، فهو لم يذُق مثلها منذُ فترةٍ طويلة، فمنذ لحظةِ وصوله إلى هنا وهو يتناول الفاكهة والخضارَ الطازجة، ويشربُ من ماءِ ينبوعٍ قريبٍ من الكهف، كان

سعيداً بتناول بعض الوجبات الخفيفة أخيراً. وكنتُ أنا سعيدٌ أيضاً لأنني استطعتُ إسعاده.

خرجنا اليوم للتَّزوّدِ ببعض الغذاء والماء، وأيضاً للبحثِ عن طريقة للخروج من هذا المكان والعودةِ إلى منازلنا، رغم يأسِ مؤيد وإحباطه إلا أنني استطعتُ تجديدَ الأمل لديه بمقدرتنا على النّجاة. أثناء خروجنا اليوم لاحظتُ وجودَ بحيرةٍ قريبةٍ غنيّة بالأسماك، سألت مؤيد: لماذا لا يصطاد السمك ويأكله مع الفاكهة، فأخبرني أنه فعل ذلك لكن طعمَ السمك النيِّئ لم يعجبه، فتوقف عن اصطياد الأسماك، فسألته مُتعجّباً لمَ يأكله نيّئاً، إذ يمكنه أنْ يُشعل ناراً من الخشب الكثير المتناثرِ هنا ويشويه فيصبح طعمهُ لذيذاً، لكنه فاجأني بأنه لا يعرفُ كيف يشعلِ النّار دون أعواد ثقاب. نعم هذه قد تكون مشكلة، ولكنّ هناك طرقاً أخرى لإشعال النار، تعلّمتها أثناءَ انضمامي للكشافة.

نحن في مساء اليوم الثالث، لقد اصطدنا السمك، وأشعلنا ناراً صغيرة على الطريقةِ القديمة بواسطة عود خشبي وبعض القش والحطب الجاف، لقد أكلنا وشبعنا والحمد لله، يخبرني مؤيد أن هذه أوّل وجبة ساخنة يأكلها منذ عام تقريباً. بالتأكيد لم أنسَ أنْ أجمع بقايا السمك وأتخلص منها عن طريقِ دفنها في مكانٍ بعيدٍ

قليلاً عن باب الكهف، فذلك سَيُخفي رائحته النّفاذة، وبذلك لن تنجذبَ إلينا الحيواناتُ الضارية والمتوحشة.

كان يوماً ممتعاً ومتعباً بحق، سوف ننام الآن لنصحو مبكرين استعداداً لمغامرةٍ جديدةٍ يومَ غد.

تُغلق رُبى الدفتر وتفكّر في كلّ ما قرأتهُ حتى الآن وعقلُها لا يكادُ يَستوعبهُ، كأنها تقرأ يوميّاتٍ في قصّةٍ خياليّةٍ وليست يوميّات أخيها! نعم أسامة يحبُّ المغامرة، وذهبَ إلى التخييم عدّة مراتٍ في الغابة مع فرقةِ الكشّافةِ، لكنّ ذلك كان تحتَ حمايةِ مشرفينَ مُدرّبين ومؤهّلين وبرفقة عددٍ كبيرٍ من أصحابه في المدرسة، وفي منطقةٍ آمنة، أمّا ما يحدثُ مع أسامة الآن فهو بعيدٌ كلّ البُعْدِ عن الأمان!

تنغمسُ رُبى في التّفكير عدّة دقائق، لكنّ ذلكَ لا يستمرُّ طويلاً فقد عادَ الدّفتر إلى الاهتزاز، ممّا يعني وصولَ دُفعةٍ جديدةٍ من أخبار أسامة.

اليوم الرابع: أشعرُ بأنّ هناكَ شيئاً غريباً يحدثُ، أقصد أكثر غرابةً مما حدث في الأيام الماضية، فقد استيقظتُ مبكراً، لأقوم بجولةٍ استكشافية حول المكان مع مؤيد، لكنه اختفى! الشموسُ الآن في كبدِ السماء تغطّيها بعض الغيوم الكثيفة، أي أنّنا في وقت الظهيرةِ تقريباً، وحرارةُ الجوّ تبدو معتدلةً وليست مرتفعةً جداً كما كانت في الأيّام الماضية.

لا بدّ أن أذهب للبحثِ عنه، لا يمكن أنْ يكون هذا الأمرُ طبيعيّاً، وأرجو أن أجدهُ بخير!

تنهي رُبى قراءة الفقرة الصغيرة التي كتبها أسامة توّاً، وتظهرُ على وجهها علاماتُ الضّيق والقلق: ماذا حدثَ لمؤيد؟ وهل سيكون الوضعُ خطيراً على أخي؟ أرجو فقط أن يعودَ سريعاً إلى الكتابة لأطمئن عليه.

تذرع رُبى الغرفة ذهاباً وإياباً، وهي تنتظرُ الدفتر لكيْ يهتزّ أو يُضيء باللّون الأزرق، لكن ذلك لم يحدث، فيزدادُ قلقها: لقد تأخَّرَ كثيراً في الكتابة، هل حدثَ له مكروهٌ لا سمحَ الله؟

تسألُ رُبى بصوتٍ مرتفعٍ، لكنّها تجيبُ نفسها بثقةٍ: لا، لا يمكنُ ذلك، فأسامة فتى قويّ، وهو يعرفُ كيف يتصرّفُ في الأوقاتِ الحرجةِ، أنا متأكّدةٌ أنّه بخير، لكن لِمَ تأخّرَ عن عادتهِ وهو يكتبُ بانتظام يومياً، منذُ كان طفلاً صغيراً؟ أرجو ألّا يكونَ قد حدثَ له أيّ مكروه.

يهتزّ الدفترُ أخيراً، فتهرعُ رُبى إليه وهي متلهّفةٌ لقراءةِ أخبار أسامة، ليته يعلمُ بأنّها تتابعهُ لحظةً بلحظةٍ!

اليوم الخامس، بل أظنه السادس، فقد نمتُ نوماً عميقاً بسبب التّعبِ والإرهاق. عندما تأخّر مؤيد عن العودةِ إلى الكهف، خرجتُ

أبحثُ عنه، كنتُ أتوقّع أنْ يكونَ قد ذهبَ لجمعِ الثمار أو إحضار بعض الماء فقد قاربَ ماءُ الشربِ النّفادَ، وذلك ما كان، فقد وصلتُ إلى الينبوع الذي نتزوّدُ منه بالماء، وهناك وجدتُ مؤيد وقد تمدّدَ إلى جوارِ الينبوع مغشيّاً عليهِ، حاولتُ إيقاظه، لكنّه كان يهذي عن رؤيته للأضواءِ الحمراء وسماعه لصوتِ صفيرٍ متقطّع، ظننتُ أنّ ذلك بسبب حُمّى أصابته، تحسّستُ جبينه ووجهه، لم يكن هناك آثارٌ لأيّة حُمّى، وأستبعدُ أنْ تكونَ ضربة شمسٍ قد نالتْ منه، فالشموسُ في ذلك اليوم كانت مُحتجبةٌ خلفَ الغيوم وكان الجوُّ معتدلاً، لم أفهم ما حدثَ مع مؤيد بالضبط، لكنني علمتُ أنّني يجبُ أن أتصرّفَ فوراً وأنقلهُ إلى كهفنا الآمن قبل أنْ يحلَّ الظلام، فيأتي معهُ البردُ الشّديدُ، وربّما الكائناتُ الضاريةُ التي تبحثُ عن فرائسَ ضعيفة!

آه.. المهمّة أصعبُ مما تخيّلتُ، صحيحٌ أنّي قويّ الجسد وأمارسُ الرّياضة بانتظام حتى في أيّام الحظرِ في المنزل بسببِ الوباء، لكنّ حملَ شخصٍ يُقاربُني في الحجمِ، وقطع مسافة طويلة للعودة به إلى الكهف عبر طريقٍ غير مُمهّد ومليء بالحجارة والطين، كان أمراً متعباً ومرهقاً حقاً، أحمدُ الله أنني وصلتُ إلى مؤيد في الوقت المناسب، وإلّا لكنت تأخّرتُ أيضاً في العودةِ إلى الكهفِ، والله أعلم بما كان سيعترضُنا في الظلام!

كنتُ أعلم أنني سأغطّ في نومٍ عميقٍ بسبب التّعب، لذلك أمّنتُ بابَ الكهف وأغلقته بشكلٍ جيدٍ من الداخل بفروع الأشجار والصخور الكبيرة، حتى أمنع دخولَ الذئاب أو أيّة حيوانات ضاريةٍ أخرى. من الجيّد أنّني فعلتُ ذلك، فقد لاحظتُ وجودَ آثارِ أقدامٍ كثيرة حول باب الكهف عندما قُمتُ بفتحه هذا الصباح، وهي بالتأكيد لا تبدو آثارَ كائناتٍ ودودة!

يصدر صوت صفير متقطع منخفض، تبحث رُبى عن مصدر الصوت، إلى أن تستدل عليه.

إنه قادم من جهاز الحاسوب الخاص بمؤيد، لا بد أن شحن البطارية قد أوشك على الانتهاء.

توصل رُبى الشاحن بالقابس الكهربائي، وتطمئنّ إلى أنّ الجهازَ قد عاودَ الشحن، ثم تعود إلى مكانها لتكملَ قراءةَ اليوميّات.

تتنظرُ قليلاً، فيهتزُّ الدَّفترُ كالمعتاد، وتبدأ الكتابة الظهور.

اليوم السابع: أظنني فهمتُ ما الذي كان يهذي به مؤيد عن الأضواء الحمراء والصفير المتقطّع، فقد رأيتها أنا أيضاً.. كان صوت الصفير عالياً إلى الحدّ الذي شعرتُ به أن أُذنيَّ ستنزفانِ من الألم، وتلك الأضواء الحمراء المبهرة أجبرتني على إغلاق عينيَّ، لكن كل ذلك توقّفَ فجأة، وكأنّ أحدهم قد ضغطَ على زِر الإيقاف،

فاختفت الأضواءُ والأصواتُ، أكادُ أقسمُ أنّني رأيتُ وجهَ أختي رُبى في السَّماء بينَ الغيوم، هل كنتُ أهذي أنا أيضاً، أمْ أنّها هي حقاً من أنقذني هذا اليوم؟ ليتني أستطيع التّأكُّدَ من ذلك.

تغلق رُبى الدفتر، وتنغمسُ في التفكير، تُحاول فكّ غُموض ما حدث لأخيها خلال الدقائق الفائتة.

رُبّما فعلتُ شيئاً ما ساعد أخي، عليّ تذكُّر كلّ خُطواتي وحركاتي التي قمتُ بها مؤخّراً. قالت رُبى ذلك، ثم قامت لمحاكاة حركاتِها السّابقة داخلَ الغرفةِ ومعرفة متى قامت بذلك الشّيءِ الذي ساعدَ أخاها، إنْ كانت هيَ الفاعلةُ حقاً.

تدورُ رُبى في الغرفة وهي تكلِّمُ نفسها: لقد مشيتُ إلى هنا، بحثتُ هنا، اقتربتُ من النافذة، ثم خرجتُ وعدتُ، ماذا حدثَ أيضاً؟ أجل لقد اصطدمتُ بالمكتبِ الذي عليهِ الحاسوب وتألمتُ قليلاً بسبب ذلك.

تفكّرُ رُبى بشكل أكبر وهي تضغط رأسها ثم تصيح فجأة: لقد وجدتُها! شاحنُ الحاسوبِ الذي أوصلتهُ قبلَ قليلٍ إلى الكهرباء، لا بدّ أنّني تسبّبتُ بفصلهِ عن الكهرباء عندما تعثّرت بسلك الشاحن سابقاً، مما أدى إلى فراغ البطارية بسرعةٍ من الطّاقة، وإصدار الجهاز لصوتِ ذلك الصّفيرِ المتقطّع، وكذلك ضوْء البطاريةِ الذي ظلَّ يومضُ

باللّونِ الأحمرِ بشكلٍ متكررٍ، لا بدّ أن هذه الأضواءَ والأصواتُ هي التي رآها وسمعها أخي، وتوقّفتْ عندما أعدتُ شحنَ الجهاز!

تُسرع رُبى نحو جهاز الحاسوب، وهي ما تزال تفكّر كيف تمكنت من التواصل مع أسامة خلال تلك الثواني البسيطة، وكيفَ يُمكنها إعادة التّواصل مرّةً أُخرى، لعلّها تجدُ طريقةً تُنقذُ بها أخاها العزيز.

تُمسك رُبى جهاز الحاسوب، تتفقّدهُ، ثم تنتبه إلى وجودِ الكاميرا، تعيدُ الجهاز إلى مكانهِ فوقَ المكتب وتتراجعُ إلى الخلفِ عدّة خطوات، ثم تقوم بعملِ حركاتٍ أمام الكاميرا، تلوّح بيديها وتأمل أنْ يراها أسامة.

سأتريّثُ الآن، إن رآني فسيذكرُ ذلك مرّة أخرى في مذكّراته.

تنتظرُ رُبى وهي متلهّفةٌ لمعرفة نتيجةِ فكْرتها هذه، يهتزُّ الدّفترُ مجدّداً، تفتحهُ بسرعةٍ وهي تسمعُ نبضات قلبها القويّة تشاركها اللهفة والتّوتّر، ثم تبدأ بالقراءة:

اليوم الثامن، لا أُصدّق أنّني في هذا العالم الغريب منذُ أكثَر من أسبوع، ولم يفكّر أحدٌ بالبحثِ عنّي! أشعرُ بالإحباطِ الشّديد، والفتى مؤيد ما يزالُ في غيبوبةٍ، ولا أعرفُ كيف أساعدهُ في هذهِ الحالة أو إلى متى سيصمد!

فكّرت بالبحثِ عن مساعدة، ولكن هناك كائناتٌ مفترسةٌ كثيرةٌ في الخارج، ولا يُمكنني تركهُ وحيداً في الكهف دون حِماية!

تشعرُ رُبى بالإحباط، فهو لمْ يذكرها مُطلَقاً، لا بأس، لنْ تَعْدَمَ الوسيلةَ أو الحيلةَ، فهي فتاةٌ ذكيَّةٌ، وستبقى إلى جوارِ أخيها مهما حدث.

اليوم التاسع: هذا صباح رائق، رتّبتُ داخل الكهف قليلاً، وقمتُ بِحَصْرٍ كميّة المُؤنِ التي لدينا، مؤيد متعبٌ جداً، ولا أستطيع فعلَ شيءٍ له سوى عَصْرِ بعضِ الفاكهة في فمه كي لا يموتَ جوعاً.

بحثتُ اليوم في جيب مؤيد لعلّي أجدُ شيئاً يساعدني على مساعدته! ربّما كان مريضاً ويأخذُ دواءً معيناً مثلاً، لكنَّ ما وجدتهُ في محفظتهِ كان مفاجأةً بالنّسبةِ لي!

بطاقةُ مؤيد الشخصية، وفيها معلوماتهُ الكاملة: مؤيد العلي، يسكنُ في البنايةِ المقابلةِ لبنايتي، الطابق الثاني أيضاً، وربما تقابلُ نافذتهُ نافذةَ غرفتي -لا أعلم- ليس ذلك هو ما فاجأني، بل إنَّ الزائرَ الذي جاءني قبل مغادرتي العجيبة إلى هذا العالم، كان شرطيّاً يبحثُ عن الطفل مؤيد العلي، الذي اختفى من غرفتهِ في البناية المقابلة في ظروفٍ غامضةٍ قبل يومين بالتّمام!

المسكين مؤيد! يعتقد أنه هنا منذُ عامٍ تقريباً وهو في الحقيقة لم يمضِ على غيابه أكثر من عشرة أيام فقط!

أشعرُ بدوارٍ فظيعٍ، عليّ أن أستلقي قليلاً، وسأتركُ لعقلي اللاواعي فرصةَ فهمِ ما لم أستطعْ فهمهُ مِمّا يحدثُ حولي!

تتوقّفُ الكتابة، تُغلق رُبى الدفتر وهي تقول: وأنتَ مسكين أيضاً يا أخي، فأنتَ لم تغب عن عالمنا سوى ساعتين فقط، أو أقلّ!

تُفكّر رُبى كيف تستغلّ فترة غياب أسامة، القصيرة بالنسبة لها، والتي لا تستغرق عدّة دقائق، بينما تكون عدّة ساعاتٍ ثقيلةٍ في عالمه الجديد.

- وجدتها! هكذا صاحت رُبى، ثم أحضرت ورقة وقلماً وآلة حاسبة، وبدأت بإجراء عمليات حسابيةٍ كثيرة.

- هناك فرق في سرعة مرور الوقت بين عالمنا الحقيقي، وعالم أسامة الغريب، ربما يمكنني معرفة ذلك الفرق إذا قمت بالمقارنة بين عالمَيْنا، باستخدام مذكرات أسامة وتحديد زمن اختفائه التقريبي.

تكتب رُبى عدة مسائل رياضية، ثم تضغط عدة مرات على الآلة الحاسبة، وتسجل النتيجة: أجل، إن اليوم في عالم أسامة يعادل خمسَ عشرَة دقيقةً تقريباً في عالمنا، لذلك هو يعتقد أنه غائب

منذ عشرة أيام، بينما هو في الحقيقة؛ لم يغب سوى ساعتين ونصف فقط عن عالمنا! هذه معلومة مهمة قد تفيدني لاحقاً في مساعدة أخي! كم أحبُّ الرياضيات!

تتحرك رُبى في الغرفة وهي تفكّر في خطوتها التالية.. من الواضح أن أسامة لم يرَها عندما وقفتْ أمامَ الكاميرا، وإلا لكان ذكَرَ رؤيتها في مذكّراته، لا بدّ أن هناك عواملَ معيّنةً يجبُ توافرها لكي تتمكن من التواصل معهُ بصريّاً، ربما ضعف بطاريّة الحاسوب يكون سبباً، لكنها لن تفكّر في إزالةِ شاحنِ الحاسوب مرّة أُخرى، فمن الواضح أنّ ذلك يؤذي أخاها.

تجمّدت رُبى للحظة كمن تذكّر شيئاً فجأة، ثم هتفت بحماس: لماذا لم أفكّر في ذلك من قبل؟

أمسكت قلماً وكتبت بضع كلماتٍ في ورقة، أخذتها معها ثم غادرت الغرفة وهي تقول: لا بدّ أنهم سيظنون أنّني مجنونة!

(2)

- صباح اليوم العاشر، لا بدّ أن معجزة ما قد حدثت أثناء الليل! فمؤيد مستيقظ تماماً، وكأنّه لمْ يكن في غيبوبةٍ لعدّة أيام! صحيح أنّه يبدو مرهقاً وجائعاً جداً، لكنّه بخير، على ما أظن!

أحاولُ أن أسقيهُ بعضَ الماء النّظيف، وأنْ أعطيهُ قليلاً من عصيرِ الفاكهة والأطعمة الطرية، على فتراتٍ متباعدة، كيْ لا يُصاب بالمرض، من فرْطِ التّخمة هذه المرّة، فمعدتهُ الضّعيفة لنْ تتحمّل تناولَ الطّعام السّريع بعدَ أنْ غابَ عنها الغذاء طوال فترة نومه.

أشعرُ أنّ لديه كلاماً كثيراً يريدُ قوله لي، لكنّه مرهقٌ، سأتركه ليستعيد عافيتهُ قليلاً ثم سنتحادث.

تتنفس رُبى بعمق، كم هيَ سعيدة لنجاحِ خُطّتها، فقد خرجت مُسْرِعةً إلى بيت مؤيد، وعندما فتحت لها والدته البابَ، أخبرتها

أنها تحتاجُ إلى أن تستخدم جهاز الحاسوب للتواصل مع والدَيْها، كانَ الحُزْنُ بادياً على وجه أمّ مؤيد لغيابه، لكنها أشفقت عليها وسمحت لها باستخدام حاسوب مؤيد، فأسرعت رُبى بوصلِ الجهاز إلى الكهرباء، وطلبتْ من والدته أنْ تُبقيَه مشحوناً كي لا يُصيبه التلفُ، وهاهو مؤيد يستعيد وعيهُ، وربما سيخبر أخاها بما رآه -كما تأمل- أو أنه سيكون على النقيضِ تماماً من ذلك، ولن يتذكّر أيّ شيءٍ مما حدث!

ما يزال النهارُ في أوّله عند أخيها، ستنتنظرُ قليلاً لعلّه يعاودُ كتابة أخبارٍ تسرّها.

لحظات، ويومضُ الدفتر باللون الأزرق، ذلك يعني وصولَ وجبةٍ جديدةٍ من الأخبار الطازجة لمغامرات أسامة.

ما نزال في اليوم العاشر، أظننا نقترب من منتصف الليل، لقد انتهينا توّاً؛ أنا ومؤيد، من إعداد المؤن التي سنأخذها معنا في رحلتنا القادمة، نعم فقد قرّرنا ألا نبقى مختبئيْن في هذا الكهف إلى الأبد، لا بدّ أن هناك طريقةً ما، موجودةً في الخارج، ستساعدنا في العودة إلى منازلنا.

لقد وصلنا إلى هذا القرار بعد أن أخبرني مؤيد عن بعض الأمور التي جعلتني متأكداً أن هناك أمراً أكثر غرابةً يحدث في هذا العالم

العجيب، فقد أقسمَ أنّه رأى وجه فتاةٍ في السماء، يعتقدُ أنّها مُنقِذتهُ، رُبّما هي منقذتي نفسها!

تحدّثنا قليلاً، عن ظروف دخوله إلى هذا العالَم، وأخبرني بقصّةٍ تُطابقُ قصّتي، والملاحظةُ نفسها تكرّرت لكلينا.. علينا أن نُنهي مراحل اللعبة كاملة كي ننقذَ أنفسنا!

وإذا رفضنا التحرّك وبقينا في مكاننا ننتظر المساعدة -التي ربما لن تأتي- فلن نخرج أبداً من هنا.

مؤيد متحمسٌ للفكرة رغم أنه ما يزال يعاني من الإرهاق والتعب، وعدم تذكّره لبعض أحداث الأيام الفائتة، لكنه مقتنعٌ مثلي بضرورةِ الإسراع بالخروج من هنا.

سنخلدُ إلى النوم الآن، وسنتحرك بعد صلاة الفجر مباشرةً إن شاء الله، كي نستفيد من ضوءِ النّهار لأطول فترة ممكنة.

تتوقف الكتابة هنا، ويزداد قلق رُبى، فهاهو أخوها يُعدُّ لرحلةٍ لم تكن تخطّط لها ولا تريد له القيام بها، فهي تخشى عليه من الضياع في عالمٍ لا يعرفان عنه شيئاً بعد، أو ربما تتعرّضُ له بعضُ الكائنات المفترسةِ ويصابُ أخوها بالأذى، لكنها من جهةٍ أخرى تتفهّم هذا القرار، وتعلم أنّه لا بدّ من تصرّفٍ ما، فالجلوس والاختباء لن يعيدا أسامة ومؤيد إلى عائلتيهما.

تعودُ إلى هدوئها وهي تُطمئنُ نفسها: لِمَ كلَّ هذا القلق؟ أنا أعرفُ أخي جيّداً، فهو شجاعٌ وقويٌّ، ولديه معلوماتٌ غزيرة ستساعدهُ على تخطّي الصّعاب، عليّ أنْ أثقَ أكثر بقدراتِ أخي وحُسْن تصرّفه.

ترتاحُ رُبى إلى التفكير بهذه الطريقة الإيجابية، ثم تقوم من مكانها وتجولُ في الغرفة بحثاً عن أي شيءٍ قد يساعدها في فهمِ ما حدثَ لأخيها، ربما استطاعت اكتشاف أمرٍ ما، يسرّع في عودتهِ المأمولة.

يلفتُ نظرها جهازُ الحاسوب، تفتح شاشته، وتلاحظُ اللعبةَ التي ما تزالُ تعملُ على الشاشة، تتفقّدُها بحرصٍ وقلبُها يخبرها أنّ السرَّ يكمُن فيها، لكنّها لا تستطيع التّفكيرَ بشكلٍ جيّد، فتقرّر صنعَ كوبٍ منَ الشاي لنفسها، كي يساعدها على التركيز قليلاً، وتشعر بالحزن لأن أسامة غير قادرٍ على مشاركتها شربَ الشاي السّاخن كما كان يفعلُ دائماً، فهوَ الآن يخوض رحلةً محفوفةً بالمخاطرِ نحوَ المجهول بحثاً عن مخرجٍ من ذلك العالم العجيب.

تجلس رُبى بهدوءٍ وهي تنتظرُ الدّفترَ كي يهتزَّ من جديد، فقد مضتْ مدّةٌ كافيةٌ لِيُعاود أسامة الكتابة، وهي تأملُ أن يجدَ الوقت الكافي لِيُسجّل مشاهداته الجديدة، كما تدعو أن يكون بخيرٍ، هو ورفيقُ رحلته.

لحظاتُ صمتٍ رهيبة، يقطعها أخيراً الصوت المكتوم لاهتزاز الدفتر، وبريق الضوء الأزرق.. لحظة! الضوء لم يعد أزرق! فقد تحوّل إلى اللون الأخضر هذه المرّة! تُدهش رُبى لهذا التغيير غيرِ المتوقع، وتتساءلُ عن سببه، لكنّها تُكمل فتح الدّفتر للاطّلاع على آخر أخبار أسامة.

اليوم الحادي عشر: لقد قضينا اليوم بطولهِ متجهيْن نحو الشرق، لم يكن اختيار الاتجاه أمراً سهلاً، فهناك ثلاث شموسٍ، ذلك يعني ثلاثة مشارق! لذلك اتفقت مع مؤيد على اختيار الشمس الوسطى، وكان خياراً موفَّقاً، إذ إنّ الطريق نحو هذا الشرق تحديداً كان سهلاً وميسراً، وظللنا طوال اليوم تقريباً بمحاذاةِ نهرٍ جارٍ، ذلك يعني أنّنا لن ننقطعَ عن الماء والغذاء، وإذا حالفنا الحظ، فسنجدُ بعض الناس قريباً، أو ربّما نجدُ قريةً كاملةً، فمن يدري!

لقد غابت الشموسُ منذُ فترةٍ طويلةٍ، صلّينا العشاء، وتناولنا طعامنا، وأوقدنا ناراً قوية لتَقينا بردَ الليلِ الشديد، وتُبقينا بأمانٍ من الحيوانات الليلية، واتّفقتُ مع مؤيد على التناوب في الحراسة، أنا أخذتُ النّوبةَ الأولى وهو سيستيقظُ لاحقاً ليستلمَ دورهُ.. هو نائمٌ الآن، أرجو أن تمضي الليلة على خيرٍ وسلامٍ.

ما هذا الصوت! أشعرُ بحركةٍ قريبةٍ، أخشى أنْ يكونَ حيواناً

مفترساً، سأوقظُ مؤيد لنكون مستعدّيْن لأي طارئ، مهلاً.. هل هذا سَهم؟ هل يطلقُ أحدهم السّهامَ نحونا؟

تنقطع الكتابة، وتعيشُ رُبى حالة القلق من جديد: يا إلهي! لا بدّ أن أسامة مشغولٌ الآن بكلّ هذه التّطورات المخيفة، هل هو بخير يا ترى؟ هل أصيب؟ هل أصيب مؤيد؟ يا رب كن عوناً لهما.

تُقرّر رُبى أنه لا فائدة من الإفراط في القلق، وبدلاً من ذلك عليها أن تفكّر أكثر في كيفية مَدِّ يدِ العونِ لشقيقها ورفيقه.. تعاودُ النظر إلى شاشةِ الحاسوب، وتدقّق فيها، ثم تنتبه إلى شريط مضيء أسفلَ الشاشة، تتفقد رُبى الشريط جيداً ثم تصيح: هذا الشريط المضيء، يبدو كأنه شريط تقدّم لمهمةٍ ما، يرشدُ المستخدم أو اللاعب إلى المرحلة التي قطعها في اللعبة، لقد تعدّى أسامة مرحلة اللون الأزرق، وهو الآن في مرحلة اللون الأخضر، لذلك تغيّرت إضاءةُ الدفتر، لا بدّ أن ذلك حدث عندما قرّر الفَتَيان مغادرة الكهف، هناك لونان إضافيان، لا بدّ أنهما لمرحلتين قادمتين! الآن بدأت الأمور تتّضحُ قليلاً!

يضيء الدفتر مجدّداً فتهرع رُبى إليه لتطمئن على أحوال أخيها.

اليوم الثاني عشر: لقد نمتُ طوال النهار من الإرهاق والتعب، نعم لقد تعرّضنا لإطلاق سهامٍ كثيف، من محاربين تابعين لقبيلة

تسكنُ قريباً من النّهر، فزعنا بشدّة أنا ومؤيد، الذي استيقظ مرتعباً بسبب الضّجة الكبيرة وصيحات الهجوم، لكن الأمر لم يكن كما ظنَنّا! فهؤلاء المحاربون كانوا قريبينَ منْ مخيَّمنا، ولفتتْ نظرهم النّار التي أشعلناها، لكنهم لم يكونوا الوحيدين في ذلك المكان! فقد كان هناك قطيعٌ من الذئاب يحومُ حولنا، لمْ تهاجمنا الذئاب لأنها خافتْ من النّار، لكنّ المحاربين استغلّوا الفرصةَ وأطلقوا وابلاً من السهام على الذئاب، لقد رأوْا أن القضاءَ على ذلك القطيع الشّرسِ نصراً كبيراً لهم، فقد علمت لاحقاً أن هذه الذئابَ هاجمتْ مراتٍ أفرادَ القبيلة، فجرحت وقتلت بعض أفرادها، كما أنّها تسببت أيضاً في موت كثيرٍ من الحيوانات، التي تعتمدُ عليها القبيلة لتعيش. إنهم يروْنَنَا الآن -أنا ومؤيد- جالبيْن للحظ والنصر لهم، لذلك قرّروا الاحتفال بنا واستضافتنا قدْرَ ما نشاء! أفكر حقاً بالبقاء هنا عدّة أيام، ربما أتعلّم شيئاً جديداً، من تجربةٍ لم أتوقّع أنْ أتمكن من أن أعيشها حقّاً: مراقبة حياة أفراد يعيشون كما عاش أجدادنا منذُ مئات السنين، بلا كهرباء أو صناعات حديثة، ولم يسمعوا أبداً بالحاسوب أو الهاتف!

تتنفّس رُبى الصعداء وهي تُنهي ما كتبه أسامة توّاً، إنهما بخير وهذا هو المهم! لكنّ البقاء عدّة أيامٍ في رحابِ قبيلةٍ لا تعرفُ الحضارة الحديثة؛ شيءٌ متوقّعٌ من أخيها العزيّز، فهي تعلمُ شغفهُ

بالتّعلم وعيشِ التجارب العملية! لكن عليه ألّا يبقى طويلاً هناك لسببين، الأول أنه لا يعرف حقّاً ما إذا كانت هذه القبيلة مُسالمةً كما تبدو، فقد تكون لها عاداتٌ غريبة لم يكتشفها بعد، والثاني أنه يجب أن يستمر في رحلته، كي ينهي المراحل المتبقية ويعود سريعاً!

تعودُ رُبى إلى القراءة:

اليوم الثالث عشر: أذهلتني معرفة أنّهم لا يستطيعون إشعال النّار! اكتشفتُ ذلك بالأمس عندما قدّموا لنا سمكاً نيئاً، فاكتفيتُ بتناول بعض الفاكهة، وعندما سألتُ أحد محاربي القبيلة، أخبرني أنهم حاولوا إشعال النار كثيراً لكنّهم فشلوا في ذلك، أحياناً تشتعلُ النار بسبب الحرارة العالية في الصيف، أو بسبب عاصفةٍ يكثر فيها الرّعد والبرقُ، فيستفيدون منها لوقتٍ محدودٍ، ثم تنطفئ، لأنهم لا يعرفون كيفية المحافظة عليها مشتعلةً لوقتٍ طويلٍ!

حزنت لأجلهم، لذلك تبرّعت بتعليمهم كيفيّة إشعال النّار بطريقةِ الكشافة، فبالطبع ليس لديهم أعواد ثقاب! وأيضاً قمتُ بتدريبهم على حماية أنفسهم منها، كي لا تتسبّب النار في الأذى لهم، فالخيام التي يعيشون فيها مصنوعةٌ من القماش والقشّ والخشب، وذلك يعني أنها سريعة الاشتعال لو وصلت إليها النار عن طريق الخطأ، لا سمح الله!

بقائي طوال اليوم بينهم جعلني أتأمل طريقة عيشهم قليلاً، فهم بسطاءُ جداً ويؤمنونَ بالخرافات، وليس لديهم صناعاتٌ متطوّرة، فهم مثلاً يرتدونَ ملابس من جلودِ الحيوانات، أو أوراقِ الأشجارِ الكبيرة، ويتزيّنونَ بقلائدَ منحوتة من العظم أو الخشب، ولديهم أدواتٌ قديمة رأيتُ مثلها مرّة في المتحف، سكاكين غير حادّة كثيراً، وأوانٍ مصنوعة من الطين والخشب، وأسلحتهم عبارةٌ عن سهامٍ ورماحٍ، ولأنهم لا يملكون ثلاجات لحفظ الطعام؛ فهم يعتمدون على تجفيف طعامهم لتخزينه حتى فصل الشتاء.

أنا سعيدٌ جداً بالبقاء هنا، لكن لماذا لا يروقُ المكان لمؤيد، فهو خائفٌ إلى حدٍّ كبير، ما سرّ هذا الخوف يا ترى؟ هل له مبرّر، أم أنه مجرد إحساسٍ عابر بعدم الاطمئنان لا أكثر؟!

تصيح رُبى: عليكَ أن تثق بحدسِ صديقكَ يا أسامة، كيف لا تفعلُ وأنتَ الحذِرُ دائماً؟!

ترجع رُبى إلى الوراء وهي تحاول استرجاع هدوئها، فليس هذا وقت الانفعال، ثم إنّ كلّ صيحاتها ذهبت أدراج الرياح، فأخوها لا يستطيعُ سماعها، ولا توجد طريقة تمكّنها من تحذيره! تصمتُ رُبى للحظات، ثم تتوجه نحو جهاز الحاسوب من جديد، لا بدّ أن هناك أمراً يمكنني فعله، لكنني لم أكتشفه بعد!

لا يزال اللون مجمداً عند الدرجة الخضراء، ذلك يعني أنهما لم يُنهيا المرحلة بعد، عليهما أن يتحرّكا فالوقت يمضي بسرعةٍ كبيرةٍ، على الأقل بالنسبة لهما!

لقد تأخّرَ أسامة كثيراً عن الكتابة، قدّرت رُبى الوقت بأنه يومان أو أكثر بالنسبة لذلك العالم الغريب، يا ترى أينَ هو؟ هل حدثَ له مكروهٌ أم أنّه انغمسَ في مراقبةِ حياة القبيلة!

يلمعُ الضوء الأخضر فتُسارع رُبى إلى قراءة الأخبار الجديدة.

اليوم الرابع عشر:

تُدهش رُبى! وتقول: لا! إنه اليوم السادس عشر على أقلّ تقدير! ماذا حدثَ لعقلك وذاكرتك يا أخي!

تتابع رُبى القراءة:

اليوم الرابع عشر: أشعرُ أنّني نِمتُ بعمقٍ شديد، وكأنّه قد مضى عدّة أيام على خلودي إلى الفِراش بعد تلك الليلة الصاخبة، إنه إحساسٌ غريب، ورغم كل هذا النوم إلا أنّني استيقظتُ وأنا أعاني من صداعٍ شديد! لقد أصرّ الأهالي على إقامة حفلٍ لي ولمؤيد، ترحيباً بنا وشكراً على جهودنا، لقد سعدتُ به جدّاً، لكن مؤيد كان مرتاباً فلم يتناول شيئاً من الطّعام اللّذيذ، أو يشربَ من عصيرِ الفاكهة الذي أعدّوه خصيصاً لنا. أمّا أنا فقد اندمجت بينهم بسرعةٍ،

ولم أجدْ ما يمنعني من مشاركتهم الطعام والشراب والاحتفال. ذلك يذكّرني بمؤيد، فأنا لم أرَهُ طوال اليوم، عليّ أن أبحثَ عنه وأطمئن عليه. هناك بعض شباب القبيلة قادمون باتجاهي، لا أدري لِمَ تبدو ملامحهم مخيفةً وغيرَ ودّية، يمسكون حبالاً غليظة بأيديهم، يا إلهي.. ماذا ســ.....؟

ذلك ما كانت تخشاهُ رُبى، وربّما مؤيد كان مُحقاً، لقد وَثِقَ بهم أسامة بسرعة، إنّه طيّبُ القلب، لكن سذاجته لا تشفع له، كان عليه الحذر أكثر، لكن ما فائدة هذا الكلام الآن! يجب أن أساعد أسامة، إنه في مأزقٍ خَطِرٍ، مرّةً أخرى! إلّا أنّ شيئاً حدثَ لم تتوقعه رُبى، فقد لمعَ الدّفترُ سريعاً، لا بدّ أن أسامة تخلّص من مأزقه بسرعة، أو ربما لم يكن هناك مأزقٌ من الأساس!

تفتح رُبى الدفر وتبدأ القراءة، لكنها تتنبه إلى أن الأسلوب مختلفٌ قليلاً عمّا أَلِفَتْه!

اسمي سانشو، وأنا من قبيلة المحاربين التي تستوطنُ قُربَ النّهر، لقد أصابَ القبيلة مرضٌ خطير، جعلهم يتصرّفونَ بطريقة غريبةٍ وعدائيّة لم نألفْها من قبل، صديقي أسامة يقول إنّهم ربما مصابون بفايروس ما، فقد اختفت أجزاءٌ من أجسامهم وظهرَتْ مكانها مربّعاتٌ ملوّنة غريبة، لذلك طلب منّي أن أجدَ دفتره الذي

سقطَ منه عندما أمسكوا به، وأن أُكتبَ في مذكّراته، أخبرني أنّ هذا الدّفتر يمكنه مساعدتي، ومساعدة أفراد القبيلةِ ليعودوا إلى سابقِ عهْدهم، أنا لا أعلم كيف سيساعدني، ولا أعرف حتى ما هو الفايروس، ولكنّني أثقُ بصديقي!

تنتهي الكتابةُ هنا، وتبدأ رُبى التفكير في معنى الكلام الذي كتبهُ سانشو: لا بدّ أن أسامة قد وصلَ إلى فكرةٍ معينةٍ ويريدُ تنفيذها، لكن كيف سيساعده دفتر مذكّراتٍ في محاربة فايروس يفتكُ بالنّاس؟ إلّا إذا... آه أجل! لقد فهمت، إذا كان هؤلاء الناس من القبيلة عبارة عن شخصيات خياليّةٍ رقمية، فربما يكونُ الفايروس الذي أصابهم، منْ نوعٍ مختلفٍ قليلاً عما يصيّب الناس في الواقع!

تهرع رُبى نحو الحاسوب، وتفتّش فيه مجدّداً، ثم تصيح بفرح: لقد وجدتُ الحل! إنه البرنامج المضادّ للفيروسات، يبدو أنّه غير مفعّل على الجهاز، سأقوم بتشغيله فوراً.

تضغط رُبى عدّة مراتٍ على لوحة الكتابة، ثم تتنهّدُ بارتياح: لقد تمّ الأمر، وهاهو البرنامج يعمل من جديد، سأنتظرُ عدّة لحظاتٍ ليقومَ مضادُّ الفيروساتِ بعملية مسحٍ شاملةٍ لبرامج التشغيل على الجهاز، وعند اكتشافه لأيّ فيروسٍ ضارٍّ على الحاسوب، سيقوم بالتّخلّص منه تلقائياً، كما آمل.. يُضحكني الأمر، ليتنا امتلكْنَا

برنامجاً مضادّاً لفيروسات البشر في الحياة الواقعية، إذنْ لكُنّا تخلّصنا سريعاً من فايروس «الكورونا» البغيض، وعدنا إلى حياتنا الطبيعية من جديد!

تشعُر رُبى بالإرهاق، فتستريحُ على السرير، لعلّها غَفَت عدّة دقائق قبل أن ينبّهها ضوء أحمر ينبعث من دفتر مذكرات أخيها، تهتفُ بحماس: لقد تغيّر لون الإضاءة، لا بدّ أنهما قد انتقلا إلى المرحلة التالية!

تتناول رُبى الدفتر، وتفتحه لمتابعة قراءة مغامرات أخيها ورفيقه في ذلك العالم الموازي!

اليوم الثامن عشر -أعتقد أنه كذلك- لقد كانت مغامرةً هائلة تلك التي خُضناها مع قبيلة المحاربين، لقد أمسكوا بي وقيّدوني بالحبال السميكة المصنوعةِ من ألياف الشجر، ووضعوني في حفرةٍ قريبة من الغابة، تفاجأتُ بوجود مؤيد فيها وهو مقيّدٌ أيضاً، وأخبرني بما فاتني خلال يومين كنتُ فيهما مخدّراً، لقد جُنّ جنونُ القبيلة وبدأ أفرادها يتصرفون بطريقةٍ غريبة بعد إصابتهم بمرضٍ خطير انتشر سريعاً بينهم، إنه فيروسٌ عجيب، أزال بعض أشكالهم الخارجية فظهرت من تحتها برمجيّة الحاسوب! لقد فهمتُ الآن، إنهم شخصياتٌ رقميّة، مبرمجة داخل لُعبة الحاسوب! ذلك يؤكّد ما شككتُ به منذ البداية، أنا لم أخرج من عالمي فقط، بل دخلت إلى

عالم الحاسوب والبرمجيات، ذلك ما شعرتُ به عندما سُحبتُ بالقوة إلى داخل هذا العالم! فإذا كان كلّ ذلك ممكناً، فذلك يعني أيضاً أن هناك من يساعدنا في العالم الحقيقي! وللتثبّت من ذلك، طلبتُ من سانشو البحث عن مذكراتي والكتابة بها، لأنّها الشيء الوحيد الذي يربطني بعالمي! وقد حدّث ما توقعته، أيّاً كان من يساعدنا، فقد شغّل برنامج مضادات الفيروسات على جهازي، وبالتالي أنقذ القبيلة، وأنقذنا! الآن صارت الأمور أوضح بالنسبة لي، وسنتابع رحلتنا بحذرٍ أكبر إن شاء الله، بعد أن قادنا سانشو إلى منطقة بعيدة عن القبيلة، وأوصلنا إلى طريق متعرّج ومختلفٍ قليلاً عن سابقه، أخبرنا أنهم يسمونها «الأرضُ المعكوسة»، لم يجرّب أحدٌ من أفراد القبيلة الدخول إليها من قبل، لذلك فإنّ معلوماتهم عنها معدومةٌ تماماً، لكنه تمنّى لي الحظ السعيد وغادر مسرعاً، يبدو أن مغامرةً شيّقةً قادمةً على وشك أن تبدأ!

تتبسّمُ رُبى: أخيراً يا أخي، قمتَ بربطِ بعضِ الأحداث ببعض، وفهمتَ الأمر، لقد استغرقكَ ذلك ثمانية عشر يوماً! لا بأس، لكن عليك الآن أنْ تعمل بجدٍّ وحذر مع مؤيد، كي تخرجا بسلام من هذه المتاهة، كما أرجو! وسأكون أنا مستعدة تماماً لتقديم المساعدة عندما تحتاجانها في أي وقت، فلا أحد يعلمُ ما الذي ينتظركما في خطوتكما القادمة!

(3)

اليوم التاسع عشر: يبدو أننا دخلنا إلى ما يُشبه الفقّاعة الزمنية! بل كوناً موازياً، لا تنطبق عليه قوانين العلوم والرياضيات التي أعرفها! لم أستطعْ فهم الكثير، فلمْ يمضِ على ولوجنا إلى هذه المنطقة سوى ساعاتٍ قليلة، وقد حلَّ الظلام بالفعل، يبدو أنّ الزمن هنا مضغوطٌ بشكلٍ كبير، أيْ أنّه ينقضي بسرعة أكثرَ من المعتاد! ليس هذا هو الأمر العجيب الوحيد، فأنا أشعرُ بأنّني معلّقٌ في السماء! نحن نقفُ بشكلٍ معكوسٍ ورؤوسنا متدلّيةٌ نحو الأسفل، لكننا في الوقت نفسه نقفُ متوازنيْن.. كيف حدث ذلك، لا أعلم! لكنني أصبتُ بصداعٍ فظيع، وكذلك مؤيد الذي يشاطرني عدم المقدرة على تفسيرِ أيّ شيءٍ، وذلك أمرٌ نتّفقُ عليه!

كالعادة، لا يجب أن نتحرك ليلاً، خصوصاً في منطقةٍ لا نعرفها

45

جيداً، ولا نملكُ أدنى فكرة عن الكائنات التي تعيشُ فيها، لذلك اتفقنا على التخييم في مكانٍ مناسب، وبالطبع أشعلنا ناراً قوية، رغم أن شكلها كان غريباً وهي معكوسة!

هذه المرة ستكون مناوبةُ الحراسةُ الأولى من نصيبِ مؤيد، لذلك استلقيتُ بجوار النار محاولاً النوم، ذلك عندما لاحظتُ أمراً لم أنتبه له من قبل! ليس هناك نجوم في الجهة المقابلة لنا، أو حتى سماء! بل أرضٌ صُلْبةٌ مُمتدّة مُقابلة لنا! شعورٌ غريبٌ ينتابني، ولوهلةٍ شعرتُ بالحنين إلى شموسي الثلاثة التي تركتها ورائي في بداية رحلتي!

تغلق رُبى الدفتر بانتظار المزيد من الأخبار، لكنها لم تكدْ تفعل ذلك حتى لمع مرة ثانية باللون الأحمر، لقد أصبحت وَتيرةُ الكتابة أسرع كما يبدو، ذلك يُثبت ما قالهُ أسامة من أن الزمن في عالمه صارَ أقصر!

اليوم العشرون: عشرون يوماً بعيداً عن بيتي وأهلي وسريري، آه.. أنا متعبٌ ومرهقٌ جدّاً، وكذلك مؤيد، لا أعلم كيف استطاع الصمود طوال هذه المدة! أعلم أنها في العالم الواقعي لا تتعدى بضع ساعات أو أيام، إلّا أنّ كل شيءٍ هنا حقيقيّ جداً، وأُحسّ بثقل كلّ يومٍ مرّ عليّ! أشعرُ بالحنين إلى كلّ شيء، حتى نزاعاتي وخلافاتي

مع أختي الصغيرة رُبى. في ظروفٍ كهذه، يمكنني تقدير الحياةِ وسطَ عائلةٍ مُحِبَّة، لم أكنْ أرى منها سوى الجانبِ المزعجِ والأوامرِ المُجْحِفةِ، والواجبات التي لا تنتهي، لكنّني الآن أرى بوضوح كم كنتُ محظوظاً لوجودي فيها، كم أشتاقُ إلى وجه أمي ومصافحة أبي، ومشاكسة أختي! أُقسم أنني عندما أعود، سأكون شخصاً آخر، أكثر تفهّماً وصبراً ومحبة، وسأُقلّلُ من انعزالي عنهم قدر الإمكان، فهناك حياةٌ حافلةٌ بانتظاري معهم!

يبدو أنني أفرطتُ في التعبير عن مشاعري، لكنني كنتُ بحاجةٍ إلى ذلك، فلمن أبوح بمكنوناتِ نفسي إنْ لم يكن إلى مذكراتي الحبيبة؟

لا يبدو مؤيد من الناس الذين يحسنونَ الإصغاء إلى الآخرين على أية حال، لكننا عالقان هنا معاً، وسنخرج معاً بإذن الله، ذلك يُذكّرني به، فأنا لم أرَه منذ ذهبَ لإحضار بعض الفاكهة للإفطار، لقد غاب مدةً طويلة، سأذهبُ الآن للبحث عنه، يجبّ ألا نفترقَ لفترةٍ طويلة في هذا المكان العجيب!

تغمرُ رُبى مشاعر الحزن والفرح معاً لما كتبهُ أخوها، هي تشعرُ بمحبته وتشتاقُ إليه، وترجو أن يعودَ إليها سريعاً، وتتمنى أن يحدث ذلك قبل عودة والديها من سفرهما! فهما لا يعلمان حتى الآن بأمر اختفائه!

يضيءُ الدّفتر مجدّداً، بالتأكيد صارتْ الفواصلُ الزمنية أقصر بين كل مرّة وأخرى، تسارع رُبى إلى متابعة أخبار الرفيقين:

اليوم الحادي والعشرون: لا أستوعب سُرعة انقضاء اليوم هنا! أشعر أنّ النّهار منكمشٌ أكثرَ من نهارات الشتاء، أما الليل فهو أقصر من ليالي الصيف، إنها تركيبةٌ عجيبة للزمن، وبالتأكيد لا تسمحُ لنا بأخذ قسطٍ كافٍ من الراحة، عندما تأخّر مؤيد يوم أمس في إحضار الطعام وخرجتُ للبحث عنه، وجدته نائماً تحتَ إحدى الأشجار، لقد كان مرهقاً رغمَ استيقاظه من النوم قبل فترةٍ قصيرةٍ! يجب أنْ نغادرَ هذا المكان قبل أنْ يزداد الوضع سوءاً، فقلّة النوم ستسبّبُ ما هو أسوأ من الإرهاق!

هناك لغزٌ ما، يلفُّ هذا المكان، ربّما عليّ اكتشافه لأتمكن من تَخطّيهِ إلى المرحلة التالية، والتي أرجو أن تكون البيت!

حسناً، ما الذي أعرفه حتى الآن عن هذا العالم؟ هو معكوس، أي أننا عندما نرفع رؤوسنا للأعلى فنحن ننظر نحو الأسفل! لا يبدو الأمر منطقيّاً، لكن هذا هو الواقع أمامي! ثم الأعلى -أقصد الأسفل- ليس هناك سماء، بل تبدو أرض يابسة أخرى، لا يمكنني التّيقُّن تماماً، فهناك ضباب يحْجب الرؤية الكُلّية، ربما سأنتظر حتى ينقشع الضباب لأتأكّدَ أكثر مِمّا تراه العيون المجرّدة! ليتني أحضرتُ منظاري المكّبر معي؛ إذن لكانت الرؤية ستغدو أوضح!

ماذا تعني أرضٌ أخرى موازية لنا؟ ذلك يعني جاذبية أخرى، نحن ببساطة نتمزق بين جاذبيتين لعالمين مختلفين، ربما يكونُ ذلك هو السبب في انضغاط الوقتِ وقصره، وتعب وإرهاق أجسادنا، فأعضاؤنا الداخلية ودماؤنا لن تتحمل كل هذا الجذب، يجب أن نتحرك سريعاً، سأخبر مؤيد بكل ما وصلت إليه، لكنه صار يختفي كثيراً، ولا أكاد أراه، سأذهب الآن للبحث عنه.. لحظة، إنني أراه، يقترب مني، تبدو حركاته مضحكة وغير متّزنة، ووجههُ شاحبٌ للغاية، كأنه قد خلا من الدماء فجأة.. لمَ تعلو وجه مؤيد هذه النظرة المجنونة؟!

تتوقف الكتابة، وتقلق رُبى كالعادة، لكنها الآن رابطةُ الجأش ومُتماسكةُ الأعصاب، وستكون مستعدّةٌ للتّدخل في أي وقتٍ لمساعدة أسامة، لكن عليها أنْ تعرف كيف ومتى!

اليوم الثاني والعشرون: لقد بدأتُ أكره هذا المكان حقّاً، فأنا على وشكِ أنْ أفقدَ عقلي، وربما فقده مؤيد سلفاً، فقد حاولَ يوم أمس مهاجمتي! لمْ أرتحْ لنظراته المجنونة تلك، ولشحوب وجهه، وبقيتُ أنتظرُ ردّة فعله، حتى قام بمحاولةِ مُباغتتي وضربي على رأسي، لكنّني كنتُ مستعدّاً هذه المرّة وتفاديتُ ضرباته، وقمتُ بإمساكه وتقييده إلى جِذْعِ شجرة، حتى لا يؤذيَ نفسه ويؤذيني!

إنّه يعاني من جفافٍ حاد، ذلك سبَّبَ حالة الهلوسة التي يمرُّ بها، لذلك أحاول تزويده بالسوائل باستمرار، الماء وبعض عصيرِ الفاكهة، ولا أنسى نفسي من ذلك، حتى لا أصلَ إلى حالته.. على أحدنا أن يبقى متيقّظاً ليعتني بالآخر ويُكمل المهمة. عندما يتحسّن حال مؤيد سأصحبهُ ونتحرك بحثاً عن مخرجٍ من هذا المكان، لا يمكنني تركهُ مقيّداً، فأنا لا أعلمُ ما قد يكون متربّصاً بنا، ينتظرُ الفرصة المناسبة لأذيتنا.. بالمناسبة، حاولتُ يوم أمس العودة إلى المكان الذي دخلنا منه أول مرّة.. لقد اختفى، لم يعد موجوداً، يبدو أنه مدخلٌ فقط، أدّى مهمته ثم اختفى، ذلك يعني أنّه لا سبيل إلى الرجوع نحو الخلف، ليس أمامنا سوى المضيّ قُدُماً نحوَ الأمام! هل كان دخولنا إلى هذه المنطقة التي تبدو متاهة، فخّاً منذ البداية؟ هل مكتوب علينا أن ندور في حلقات مُفرغة دون أن نجد مخرجاً؟ لا أريدُ أنْ أغرقَ في هذه الأفكار السلبية، بل سأحاول كلّ جهدي لإيجاد طريق العودة!

اليوم الثالث والعشرون: جمعتُ حاجتنا من المؤن البسيطة، أظنها ستكفينا لفترةٍ كافية حتى نعبر هذا العالم، وأكثرتُ من السوائل.. تحسُّن حالة مؤيد لا يعني أنه لن يَنْتَكِس مرة أخرى، كذلك أنا! تجوّلنا حولَ المكان قليلاً، ثم قرّرنا المشي بخطٍ مستقيم،

فأنا لا أستطيع تمييز الاتجاهات هنا، فلا شمسَ واضحة ترشدنا ولا قمرَ يدلّنا أيضاً!

رأيتُ حيواناً صغيراً منذ قليل، أظنه يُشبهُ الغزالَ إلى حدٍّ ما، ركضنا خلفه، ما أسرعه! كِدنا نُمسك به، لكنه اختفى بين الشجيرات، بحثنا جيداً في المنطقة، ولمْ نعثر له على أثر، بل عثرنا على شيءٍ آخر أكثر غرابة، إنها حفرةٌ سوداء، لكنها معلّقةٌ في الهواء! اقتربنا منها بحذرٍ شديد، هل اختفت الغزالة داخلها؟ أين ذهبت بعد أن دخلتها؟ فلا شيء خلف الحُفرة المُعلّقة، هل هي بوابة تُوصل إلى مكانٍ آخر؟ رأيتُ مثلها في أفلام الخيال العلمي، ولم يخطُر ببالي قطُّ أنها يمكن أن تكون حقيقية!

لا نستطيع متابعة البحث اليوم، فقد هبطَ الظلامُ فجأة، وعلينا الاحتماء من كائناتِ الليل، سنبتعدُ عن الحُفرةِ المعلّقة مسافةً كافية، فإذا كانت هي التي ابتلعت الغزالة، فلا نعرفُ ما يمكن أنْ يخرجَ منها!

ترفع رُبى رأسها بعد أن انتهت من القراءة، يُداخلها بعض الحزن لأنها غير قادرة على مدّ يدِ العون لأسامة ورفيقه، لكنها تحاول التّماسك حتى النهاية، تعودُ إلى تفقّد الحاسوب مرّة أخرى، تنظرُ إلى شريط التقدّم المُضاء باللون الأحمر، وتعلم أن أسامة لا يزال

محبوساً في هذه المرحلة، يجب أن يتحرك، إنّ ذلك المكان يؤذي صحته، ويتعبه، وهي لا تعرف ما يمكنها أن تفعل، لكي تُنهي عذابه!

تعود رُبى إلى تفقد جهاز الحاسوب، فهي لا تريد أن تخاطر بانقطاع الكهرباء عنه، فالبطارية تالفة ولن تصمد لدقائق لو حدثَ ذلك فعلاً، ولا تريدُ تكرار التجربة المؤلمة الماضية! الأسلاك جميعها في أماكنها، سلكُ شاحن الكهرباء، والسلك الموصول بالإنترنت، ولوحة المفاتيح والفأرة أيضاً:

الأمور بخير، في انتظار أي إشارة من أسامة.

هكذا قالت رُبى وهي تَتَهيّأ للعودة إلى قراءة الأخبار الجديدة، صار يُحالِجُها شعورٌ بأنها أصبحت تعيش في العالم الجديد، وتقوم بالمغامرة مع أخيها ورفيقه، تخافُ مثلهما وتضحكُ معهما، وتدعو الله أنْ يعودا إلى برِّ الأمان!

اليوم الرابع والعشرون: إنه صباحٌ مُلبّدٌ بالغيوم! رغم حُبّي للأجواءِ الماطرة، إلّا أن الوضع لا يبشّرُ بخير، فالفضاءُ معتمٌ، أي أنّ الظلام سيكونُ مُتّصلاً ليلاً ونهاراً، وهذا لنْ يكون جيداً لتحرّكاتنا، تشاورنا حول الوضع الجديد -أنا ومؤيد- فنحن شركاء في هذه الرحلة، واتفقنا على أنْ نتحرك فوراً دونَ إبطاء، وهذا هو أهونُ الشّرّيْن، فنحنُ لنْ نتحمّل البقاء هنا لفترةٍ أطول!

أحاولُ أن أبقى مُتفائلاً وإيجابيّاً أمام مؤيد، فأنا لا أريد لمشاعرِ الإحباطِ أن تسيطرَ عليه وعليَّ، نحنُ بحاجةٌ إلى كلّ بارقة أملٍ تلوحُ في الأفق، وتحثُّنا على إكمال طريقنا الذي بدأناه بحزم. ليس لدينا مصابيحُ أو شموعٌ، ولا أدواتٌ كثيرةٌ، تُساعدنا على التحرك بخفة في الظلام، لكنّني تدبّرتُ الأمر، فصنعتُ مشعلاً من الأخشاب الجافّة وقِطعِ القماش، أظنّه سيشتعلُ لبعض الوقت، وعندما ينطفئ سأعيد الكرّة! سنتوجّه نحو المنطقة التي اختفت فيها الغزالة الصغيرة، سأتفحّصُ الحفرة السوداء، فأنا لم أعرف حتى الآن طبيعتها، وهل فعلاً عبرَت الغزالة من خلالها؟ وأين ذهبت بعد ذلك؟

بالتوفيق في مسعاكم!

تقول رُبى وهي تغلق الدفتر، تعلمُ أنه لن يبقى مُغلقاً فترة طويلة، لكنها تحتاجُ إلى أن تُريح عينيها فترة قصيرة، فقد أرهقتها كلّ هذه القراءة، كما أنّها تشعرُ بأنها تُحدّقُ في شاشةِ حاسوبٍ وليس أوراقاً عادية! لا بدّ أنّ ذلك زادَ من شعورها بالإرهاق!

تُغمِضُ رُبى عينيها وتستمتع بشعورِ عودة كل شيءٍ إلى مكانه الطبيعي، فيخفُّ الإرهاق، وتشعر بالهدوء لأول مرّة منذ سمعت نداء النجدة من أسامة، تكادُ تغفو في مكانها، لكنّ صوت أزيزٍ يَصدُر من جهاز الحاسوب، كأنّ أحد البرامج يعملُ وحده، نهضت

رُبى وتوجّهت نحو الحاسوب لتَتفحّصهُ جيداً، فهي لا تريدُ أن يفوتها شيء قد يكون مفيداً، أو ضارّاً بأخيها ورفيقه!

أوه.. إن الحاسوب يقوم بتحديث بعض البرامج، ذلك أمرٌ طبيعي، فتحديث البرامج ضروريٌّ لكي يبقى الجهاز في حالة ممتازة، وكلُّ ذلك يحدثُ تلقائياً طالما أن جهاز الحاسوب مرتبطٌ بشبكة الإنترنت.

ترتاح رُبى لأنَّ الأمور تحت السيطرة، وتعود إلى مكانها لتُكمل غفوتها، لكن يبدو أنه لا وقت للراحة! فقد لمع الدفتر بالضوء الأحمر من جديد، ذلك يعني أمريْن، الأول أن أسامة بخير وعاد إلى الكتابة، والأمر الثاني أنّهما لا يزالان حبيسيْن في الأرض المعكوسة، يبحثان عن مخرج منها!

اليوم الخامس والعشرون: منَ الجَليِّ أننا ما زلنا هنا! نحن نقترب من منتصف الليل مَجازاً، فنحن لم نعد نستطيعُ التفريق بين الليل والنهار، فالظلام أصبحَ دامساً في كليهما، أنا مرهقٌ للغاية، وكذلك مؤيد، لكنّنا نحاول التماسك ما استطعنا، ما مرّ بي في هذه الرحلة يجعلني أشعر أنني عجوزٌ هَرِم، ولستُ فتىً ما يزال يدرس في المرحلة الإعدادية! لنْ أقول إنني محبطٌ، على الأقل ليس بصوتٍ عالٍ حتى لا ينتقلَ شعوري إلى مؤيد، فكما قلتُ سابقاً، يجب أن

نُبقي معنوياتِنَا عاليةً، لكي تبقى هِمّتنا متوقّدة ونخرجَ من هنا بأسرعِ وقت!

صحيح، لقد قُمنا أمس بتفقد مكان اختفاء الغزالةِ الصغيرة، ولم نعثرْ لها على أثر، ولكن حدثَ ما كنتُ أخشاه، فقد كانت هناك آثار أقدامٍ كثيرة لكائناتٍ أخشى أنها لن تكون ودودة! نعم، إذا كانت تلك الحفرة المعلّقة بوّابةً إلى عالمٍ آخر، فمن الواضح أنها تعمل بكلا الاتجاهين، فكما عبرت الغزالة إلى العالم الآخر، جاءت مخلوقاتٌ لمْ أتبيّنها بعدُ إلى هذا العالم، وهي قريبة منّا بلا شك! لذلك قمتُ أنا ومؤيد بتكثيف نوبات الحراسة، وإبقاء النار مشتعلة قربنا، وأيضاً حاولنا صُنع بعض الأسلحة البدائية من الحجارة المدببة والأغصان اليابسة، وأرجو ألّا نُضطرّ إلى استعمالها أبداً.

سأرتاحُ الآن قليلاً، فلدينا نهارٌ حافلٌ غداً إن شاء الله.

لحظة! هناك أضواءٌ قويةٌ في السماء، أقصدُ الفراغ بين الأرضيْن، لا أُصدّق ما أرى، هل هذه هي الأورورا؟ ذلك مستحيل! فالأورورا أو أضواء الشّمال، لا تحدثُ إلا في منطقة القطب المتجمد! كيف حدثتْ هنا؟ ربّما أنا أتوهّم! لكنّ مؤيد يراها أيضاً، هل هي هلوسةٌ جماعية؟ وقفتُ أنا ومؤيد لنراقبها، رفعنا رؤوسنا نحوَ الأعلى، لكننا بالطبع كُنّا ننظرُ نحو الأسفل، باتجاه الأرضِ الأُخرى التي لمْ نستطع

رؤيتها بوضوحٍ مِنْ قبل، إنها واضحةٌ تماماً الآن بسبب الإضاءةِ القويّة للشّفقِ القُطبي! صاح مؤيد وهو يؤشِّرُ نحو حيوانٍ يقفزُ في الأسفل، نظرتُ نحوه، إنّها الغزالة التي طاردناها منذ يومين، حتى البقعة البيضاء المميزة على رأسها، كانت واضحةً من هذا البعد بسبب قوّة الإضاءة! ذلك يعني شيئاً واحداً، تلك الحُفرة المُعلّقة توصلُ إلى الأرض الأُخرى، هذه التي تُقابِلُنا.

تَسعدُ رُبى لهذه الأخبار التي تبعثُ الأمل، فهي ليستْ سوى مسألة وقتٍ؛ حتى يَصِلَ أسامة ورفيقه إلى الحُفرة المُعلّقة، عليهما أن يجتازاها فقط، ثمّ سيُصبحان في الأرضِ الأُخرى، أو المرحلة الأخيرة كما تأمُلُ!

تُراقبُ رُبى جهاز الحاسوب، والإضاءة على شريط التقدم، لكنها لا تتزحزحُ عن اللون الأحمر، تُفكّرُ رُبى بصوتٍ مرتفع: من المفترض أنْ يكونا قد تجاوزا الحُفرة المُعلّقة الآن، وانتقلا إلى المرحلة التالية! لا بُدّ أن شيئاً ما قد اعترض طريقهما، فتأخّرا، أرجو أن يكونا بخير!

يُضيءُ الدفتر باللون الأحمر مجدّداً، لقد تمنّت رُبى أن يكونَ اللونُ مُختلفاً هذه المرة، ولكن ليس باليدِ حيلة، تفتحه لتطّلع على آخر أخبار الفريق الثنائي التائه، وكلُّها رجاء أن يكونا بخير.

اليوم السادس والعشرون: نعم إنه اليوم السادس والعشرون

ونحن ما نزال نُراوِحُ مكاننا، أنا حانقٌ وغاضبٌ، مؤيد يحاولُ تهدئَتي لكنّني منزعجٌ جدّاً، ما الذي أفعلهُ في هذا العالم الغبي! لِمَ لا أزالُ هنا؟ لا يوجد معنى لكلّ هذه المغامراتِ المتعِبة، أريدُ العودة إلى بيتي، أريدُ طعاماً ساخناً تُعِدُّهُ أمي، أرغبُ في تمزيق هذا الدَّفتر، والتخلص من كلِّ ذكرياتي هنا، أريدُ أنْ أغمضَ عينيَّ بقوّة لعلّ كلَّ شيءٍ يعودُ إلى طبيعتهِ عندما أفتحهما ثانية!

أنا متعب، مُتعبٌ جدّاً، وأحتاجُ إلى كفّ أبي لأَتَوسَّدَها.

مَضَت ساعتان على ثورةِ غضبي ويأسي، أحمدُ الله أنّ لديّ رفيقاً جيداً مثل مؤيد، لقد ساعدني على تخطّي تلكَ الأزمة، وأنا الذي كُنتُ أعتقدُ أنّني قويٌّ بذاتي ويمكنني تَدبُّر أموري وحدي، دونَ الحاجة إلى أحدٍ يبقى بجواري، من الواضح أنني كُنتُ مُخطئاً، والاعترافُ بالخطأ سيعيدُني إلى الصواب بشكلٍ أسرع. أعتقدُ أنّه لا بأسَ بالتنفيس عن الغضب، لكن يجبُ ألَّا أُبالغَ في الأمر فيُصيبُني النّدمُ لاحقاً.

حسناً، لأتحدّث عن الأمرِ الذي أثارَ موجة غضبي تلك، فقد توجّهت مع مؤيد إلى الحفرةِ المعلّقة، لكنّنا لم نجدها في مكانها، لقد اختفتْ ببساطةٍ، ولم يكنْ هناك أيّ أثرٍ يدُلُّنا على مكانها، ذلك يعني أنَّ بوابتنا الوحيدة للخروج قد تلاشتْ! أووه.. لقد حُبسنا هنا إلى الأبد!

تتوقفُ الكتابة من جديد، وتبكي رُبى، الأمر الوحيدُ الذي كان يُطمئنُها هو معنوياتُ أسامة العالية، ومقدرتهُ على تحمُّل المشاق رغم صِغر سنّه، فهو مُنخرطٌ في جميع الأنشطة التي تبني الشخصية، والجسم أيضاً، وحرص منذُ صِغره على العلم والتّعلم، فكيفَ ينهارُ هكذا؟ لا بدّ أنّ الضغوط التي يتعرّض لها قوية، هكذا تُفكّرُ رُبى، وتتمنى لو أنها تستطيعُ المساعدة بأيّ طريقة!

اليوم السابعُ والعشرون: أنا بخيرٍ الآن، لقد استعدتُ ثقتي بنفسي التي شعرتُ أنّها اهتزت قليلاً بالأمس، بل أُظنني ازْدَدْتُ إصراراً وقوّة، لكنّ هذا العالم لا يبدو بخيرٍ إطلاقاً، فليستْ الحُفرة المعلّقة وحدها التي اختفت، هناك تغيراتٌ جذريّةٌ كثيرة تحدثُ هنا، بعضُ الأشياء تختفي، وتظهرُ مكانها أشياءُ أُخرى، كأنّ أحداً ما يُعيدُ بناءَ هذا المكان، أو يُعيدُ تَصْميمَهُ، ولا أعلم لِمَ أشعرُ أنّ ذلك ليسَ في صالحنا، هل سيُعاد تصميمنا نحنُ أيضاً؟ هل سنختفي؟ هل سننتقلُ إلى مرحلةٍ أُخرى، وعالمٍ جديد؟ هل تأخّرنا في الخروج منْ هنا وهذا هو عقابُنا؟ لا أعلمُ حقّاً، ولأول مرة أشعرُ بالخوفِ من المعرفة! نحنُ نُصلّي، وندعو الله أن نعودَ إلى منازلنا بأمان. سأرتاحُ الآن، فقد انتهينا من جولتنا هذا اليوم، ولم يعُد هنالِك أماكن كثيرة لاكتشافها!

تطمئنُّ رُبى إلى هدوء أخيها وعودته إلى سابق عَهْدِه، بل أقوى، وذلك سيساعدهُ بلا شكَّ على الاستمرار في رحلته التي شارفتْ على الانتهاء.

تتبسَّمُ رُبى وهي تحملُ الدفتر لتقرأ آخر أخبار مغامرات أخيها، لكنَّ ملامحَ وجهها تتغيَّر، ويبدو الخوف على مُحيّاها، تصيحُ بفزع: يا إلهي!

أنا مؤيد، لا أعلمُ ما الذي حدثَ بالضبط، لكنّني استيقظتُ هذا الصباح وقد اختفت كلُّ الأشياء التي كانت حولي، بما فيها أسامة! لم أجد سوى دفتر مُذكراته وملابسهِ التي كان يرتديها على الأرض، متكوّمة إلى جواري، يبدو وكأنه قد تبخّر في الهواء! بحثتُ كثيراً في كلّ مكان ولم أعثرْ لهُ على أثر، هل حدث حقاً ما أخبرني بهِ أمس؟ هل يُمكن أن تكون التغييرات التي حدثت في هذا العالم قد طالتهُ أيضاً؟ هل مُسح أسامة عن الوجود بصفته شخصيّة رقميّة يتمّ تحديثها؟ كيف يحدُثُ ذلك وهو شخصٌ حقيقيٌّ من لحم ودم ولا ينتمي أصلاً إلى هذا المكان! لا أعلمُ يقيناً ما حدث، لكن الأشياء ما تزالُ مُستمرّة بالتَّغيُّر من حولي، وربما سيأتي دوري قريباً لأختفي، عندما ينتهي تحديثُ كل شيء!

تنهارُ رُبى وتسقطُ على الأرض وهي تبكي بحرقة وتقول: هل

ماتَ أسامة؟ كيف يمكن لذلك أنْ يحدث! لقد اقترب من نهاية الرحلة وكادَ أنْ ينجحَ في العودة إلينا! ماذا سأفعلُ الآن! كيف سأتصرف، كيف سأخبرُ والديّ؟

تصمتُ رُبى وهي مُشَتّتة التفكير، كيفَ تكونُ قويةً الآن! ما الذي تستطيع أن تفعله وقد خسرت أخاها الوحيد؟

تنتبه رُبى إلى صوت الأزيز القادمِ من جهاز الحاسوب، تقترب منه وتتذكّر أن حاسوب أسامة يقوم بتحديث البرامج منذُ فترة، تنظرُ إلى شريطِ التحديث وتجدُ أن العمليةَ لم تنتهِ بعد، لكنها شارفت على الانتهاء، تحاولُ رُبى إيقاف عملية التحديث عن طريق إلغائها، لكنّ الأزرار لا تستجيبُ لها، تفزعُ رُبى وتضغط بشدّةٍ على كلّ أزرار لوحةِ المفاتيح، لكنّ عمليّة التحديث لم تتوقف، فتسحبُ السّلكَ الموصولَ بشبكة الإنترنت، وتُخرجه من مكانه، فتنفصلُ الشّبكة عن الحاسوب، وتظهرُ رسالةٌ على شاشة الجهاز تقول إنّ عمليةَ التحديث أُلغيتْ بسببِ عُطلٍ في شبكةِ الإنترنت.

تفرحُ رُبى لهذه النتيجة، وهي تدعو ألّا يكونَ الوقتُ قد فاتَ على إنقاذِ أخيها ورفيقه!

ينبضُ قلبُ رُبى بشدّة وهي تراقب دفترَ المذكّرات، وتدعو كثيراً في سرّها أنْ تكون خطّتها قد نجحت.

لحظاتٌ ثقيلةٌ تمرُّ، ويضيءُ الدفتر أخيراً بلونٍ أصفر، تُسارعُ رُبى إلى احتضانِ الدِفتر وتقبيله، ثم تقومُ بقراءةِ مُستجدّات أخيها ورفيقه.

اليوم التاسع والعشرون: كانتْ تجربةً مُذهلة تلك التي حدثت معي بالأمس، كنتُ موجوداً وغيرَ موجودٍ في الوقتِ ذاته، لقد رأيتُ نظرة الفَزعِ على وجهِ مؤيد عندما استيقظَ من النوم واكتشف أنّه لم يعد يستطيعُ رؤيتي، لو كنتُ مكانهُ لفزعتُ أنا أيضاً!

راقبتهُ وهوَ يتخبّطُ في المكانِ باحثاً عنّي، لمْ أكنْ أستطيعُ مكالمتهُ أو لمسه، تمنّيتُ لو أنّني أستطيع تسكينَ روعه، لكنّ ذلك لم يكنْ بمقدوري، فقد كُنتُ أشبهَ بطيفٍ رَقْمي، أقصى ما استطعتُ فعلهُ هوَ تركيزُ قوّتي القليلة الباقية، وتوجيهها نحو دفتر مذكراتي لتحريكِ صفحاته، ذلك ما لفتَ نظرَ مؤيد إليه.. لقد ظنّ بأنّ الهواء قام بتحريك الصّفحات، فاستجمعَ شجاعته وقام بكتابة ما حدث بالتفصيل، أنا مُتأكّدٌ أن ما فعله مؤيد كان سبباً مُباشراً في إنقاذي، وعودة كل شيءٍ كان قد اختفى سابقاً إلى مكانه في هذا العالم.

انتابَني شعورٌ غريبٌ وأنا أرى جسدي يتشكّلُ من جديد، ويعود إلى سابق عهده، أما مؤيد فلم يستطع إخفاء سعادته الغامرة بعودتي، وعانقني طويلاً لأول مرّةٍ منذُ التقينا!

لم أُرد تضييعَ الوقت، أخبرتُ مؤيد أن يتبعني وانطلقنا مُسرعَيْن

نحو الحُفرة المُعلّقة.. إذا عادَ كلّ شيء إلى مكانه، فلا بدّ أنها قد عادت أيضاً!

عندما رأيتُ الحُفرة المعلّقة، تحمّستُ جدّاً، أخبرتُ مؤيد أنني سأقفز أوّلاً، ثم عليه أن يتبعني بلا إبطاء، فأنا لم أعد أتحمّل مفاجآتٍ جديدة! ثم قلتُ له: أراكَ على الجانب الآخر يا صديقي! ثم أغمضتُ عينيَّ، وقفزتُ.

تلك كانت آخر مرّةٍ أرى فيها مؤيد! يا لغبائي، كيف تخيّلتُ أن الأمرَ سيكون بهذه السهولة؟ لقد أُغمي عليّ لحظة عبوري من الحفرة التي أعتقد أنها كانت تعملُ بوابةً بين الأرض المعكوسة والأرض المقابلة لها، لا أعلم كم بقيتُ غائباً عن الوعي، لكنني استيقظتُ وحيداً، لا بل كانت هناك الغزالة الصغيرة تقفُ عند رأسي، وتلعقُ يدي، وكأنها تحاول أن توقظني! حاولتُ الوقوف لكنني لم أستطع، شعرتُ بأن وزني ثقيلٌ جدّاً على غير العادة، وأنّ كثافةَ الهواء عاليةٌ إلى الحدّ الذي شعرتُ معه بالاختناق، وأنّ هناك شيئاً ما يُطبق على صدري.

رُبى في حيرةٍ الآن، أين اختفى مؤيد؟ وكيف سيجدُ أسامة طريقهُ وحدهُ في هذه الأرض الجديدةَ؟ وهل سيقبلُ العودةَ إلى عالمنا دون أن يرافقه مؤيد؟

هذه أسئلةٌ سابقةٌ لأوانها، لكن رُبى تعلمُ كيف يُفكّر أسامة، وترجو أنْ يحرص على سلامته أكثر في رحلة بحثه تلك.

ما نزالُ في اليوم التاسع والعشرين، نعم؛ فالوقت أيضاً يمضي ببطءٍ هنا! لم أستطع الوقوف مُنتَصباً، لذلك مشيتُ معظمَ الوقت وأنا محنيّ الظهرِ، وأحياناً كنتُ أزحفُ على الأرض، الأمرُ أصعبُ مما أتخيل، تُرافقني الغزالة الصغيرة، ولا يبدو أنها تُعاني مثلي!

وجدتُ منذ قليل آثار أقدامٍ غريبة، تبدو كأنها آثار أقدام رجال فضاء! إنها تتّجهُ نحو الجبل الضخم أمامي، سأحاولُ اللحاقَ بها، لعلّهم أمسكوا بمؤيد، سأحاول إيجاده لنغادر هذا العالم معاً.. أنا لا أشعر بخير... أظنني سيُغمى علــ.....

تصرخ رُبى: لقد فقد وعيهُ! لا بدّ أنّ الهواء الكثيف هو السبب، فهو لا يأخذُ ما يكفيه من الأكسجين!

ليس أمام رُبى سوى الصبر رغم قلقها وخوفها، وانتظار عودة أسامة إلى وعيهِ! ترجو له السلامة وتدعو له كثيراً. يُضيءُ الدفتر فيطمئن بالها، وتتابعُ ما انقطع من الكتابة:

اليوم الثلاثون: أنا بخيرٍ الآن، لقد أُغمي عليّ بسبب كثافة الهواء، لكنني رأيت أشخاصاً يقتربون مني لحظة إغمائي، إنهم سكّان هذه الأرض، نقلوني إلى داخل الجبل الذي رأيته من بعيد.. جوفُ الجبل

يختلفُ تماماً عن محيطه، فالهواء هنا عاديٌّ جداً، وكل شيءٍ متوفرٌ هنا، من طعام وماء، وحتى حيواناتٍ مختلفة، الناس هنا معتادونَ على هذه الحياة الغريبة، ولا يشكونَ أبداً من حياتهم داخل جوف الجبل! وإذا اضطرّوا للخروج فإنهم يرتدونَ ملابس تَحْميهم، تُشبهُ بدلاتِ روّاد الفضاء!

أخبروني بأنهم وجدوا أمسِ شخصاً آخر، أظنه مؤيد، لكنه موجودٌ في العيادة، فحالته الصحية كانت مُقلقة، لكنه يتحسن بسرعة بسبب تقدّمهم الهائل في مجال الطب والعناية بالمرضى، وسأتمكنُ منْ زيارته قريباً.

خرجتُ للتجولِ في المدينة، إنها جميلة للغاية، وتستخدمُ التقنية الحديثة في كلّ شيء، وهي مبنيةٌ على أحدثِ طِراز، أكادُ أنسى أنها قائمةٌ كلها داخل جبل! يا لروعة هذا الإتقان! ما زلتُ أشعرُ أنّ هناك شيئاً ينقُصها، ما هو يا ترى؟

اليوم طويلٌ للغاية، سأذهب الآن لألتقي بمؤيد، أرجو أن يكون بخير، فعلينا أنْ نُكملَ مسيرتنا للعودة إلى عالمنا الحقيقي.

تسعدُ رُبى بذلك، وتُهيِّئ نفسها للقاء أخيها العزيز، سينتهي هذا الكابوس قريباً، ويعود كلّ شيء إلى سابق عهده! تعودُ إلى القراءة وهي تبتسم:

كنتُ أعلمُ أنّ هناك شيئاً مُريباً، لم أرتحْ أبداً إلى تعامل الناس هنا؛ الخالي من الدفء والأحاسيس، نعم إنها مدينةٌ عصريةٌ بكل المقاييس، لكنها باردةُ المشاعر، لا يوجد أي روابط للألفة والمحبة بين الناس، بل مجرّد أعمالٍ روتينية لتبقى الحياة قائمة بنظامٍ معيّنٍ، هل هي انعكاسٌ لواقعنا الحقيقيّ بعد دخول التقنية الحديثةِ إلى حياتنا؟

مؤيدٌ بخير، جسدياً على الأقل، لكنّه تحوّل إلى فتى بارد المشاعر مثلهم، عندما اقتربتُ منه لم يهتمّ بوجودي أصلاً، ودفعني بعيداً عنه عندما حاولتُ معانقته، أظنهم عبثوا بأدويته، أو أعطوه مخدّراً من نوعٍ ما، أفقدهُ مشاعره، إنه يعرفني، لكنّه لا يتفاعل معي أبداً، وعندما طلبتُ منهُ القدوم معي للبحثِ عن المخرج إلى عالمنا، استهزأ بي! لمَ يعودُ إلى عالمٍ لم يكلّف فيه أحد نفسه عناء البحث عنه؟ حتى والداه اللذان من المفترض أنْ يُحبّاه ويحمياه!

يا إلهي.. إنه يهذي! لا بدّ أنهم استغلّوا نقطة ضعفه هذه للتحكم في مشاعره، لقد أخبرته عن الشرطيّ الذي جاءني يبحثُ عنه، لكنّه لم يعد يتذكّر ذلك أيضاً! يا إلهي.. يا إلهي! ما الذي فعلوه به!

عليه أن يرى وجه أمّه كي يتذكّر محبتها له، وحزنها على فقدانهِ،

ولكن كيف! كلُّ ما أعرفه هو أنني سألازمه مهما كلَّف الأمر، حتى يعودَ إلى رُشْدِه.

تهتفُ رُبى: أنا أعرفُ كيف! نعم هناك مُخاطرة كبيرة، ولكن يجبُ أن أفعلها.

تخرجُ رُبى مُسرعةً نحو منزلِ مؤيد، تدّقُّ الجرسَ باستعجال، فتفتح لها والدة مؤيد الباب مفزوعة، فتعتذرُ لها، وتُخبرها أنها حالةٌ مستعجلةٌ، وتطلب منها مرافقتها إلى حاسوب مؤيد!

تتبعها الأمّ المسكينة، لترى ما الأمر، لكنّ رُبى تفعل الشيء الذي أوصتْ الأم بعدم فعله، وهو فصل الكهرباء عن الحاسوب، دقائق قليلة، ويصبحُ صوتُ الصفير مسموعاً وتومضُ الإضاءة باللون الأحمر، تحملُ رُبى الجهاز وتوجّههُ نحوَ أم مؤيد عدّة ثوانٍ، ثم تُعيدُ كلَّ شيءٍ كما كان، وتغادر المكان وسط ذهول الأم!

تعودُ رُبى إلى المنزل، تدخل غرفة أخيها وتجده واقفاً هناك في انتظارها! لا تُصدّقُ رُبى عيناها، تقفز وتعانق أسامة وتسأله: كيف حدث ذلك؟! فيمدّ إليها دفترَ مُذكّراته!

لا أعرفُ ماذا أصاب مؤيد، كان واقفاً منذُ لحظة، وإذ به يسقُطُ على الأرض يهذي بالصفير والأضواء الحمراء! هرع الطاقم الطبي لعلاجه لكنهم كانوا عاجزينَ تماماً عن فعلِ أي شيء، فهذه الحالة

الفريدة لم تُصادفهم من قبل، لكنني كنت أعرفها حقّ المعرفة! كان مؤيد لا يذكرُ في هذيانه سوى الأصوات والأضواء، إلّا أنه بعد عدّة دقائق صار ينادي بكلمةٍ واحدةٍ فقط: أمي!

توقّفَ كلُّ شيء، وعاد مؤيدُ إلى وعيه كأن شيئاً لم يحدث، أو هذا ما ظننته، لكنّ مؤيد التفتَ نحوي وناداني باسمي: أسامة، أشكركَ لأنك لمْ تتخلَّ عني!

ما أسعدني؛ هو أن مؤيد صديقي عاد! ذلك يعني أنّ الوقت الآن هو وقتُ الرحيلِ دون إبطاء، لن نبقى في هذا العالم ثانيةً أُخرى، لكننا لا نعرفُ بعدُ؛ أين المخرج!

نحنُ نقفُ تائهين لا نعرف إلى أين نتجه، لمحتُ الغزالة الصغيرة، اقتربت منّا، لم تكن خائفة، سأمدُّ يدي إلى رأسها لأربتَ عليه فقد ساعدتني كثيراً، لكن ما هذا الضوء الأبيض الساطع.. أين اختفى مؤيد....؟ أين....؟

تتوقفُ الكتابة هنا، تنظُرُ ربى نحو أخيها وهي فرحةٌ جدّاً بعودته، لقد انتهى ذلك الكابوس أخيراً.

يسمعان صوتاً يُنادي أسامة من الشارع، فينظران من النافذة، إنه مؤيد يلوّح لهما من بعيد! يطمئنان إلى أنه بخير.
يرنّ جرس الباب، يصيح الاثنان معاً: أمي، أبي!

يتسابقان إلى الباب لفتحه، يتعانقون جميعاً، ثم يصيحُ أسامة بحماس: أبي، أمي، لن تصدّقا ما حدثَ معي!

تجيبُ الأم بهدوء: سنُصدّق كلّ شيءٍ، لكن أخبرانا أوّلاً، كيف وصلت تلك الغزالة الصغيرة إلى بيتنا؟